FROM ENTREPRENEURIAL INTENTION TO DISCREPANCY OF BEHAVIORAL ENGAGEMENT

An Explanation on the basis of Loss Aversion and Uncertainty

从创业意愿到行为投入差异

基于损失厌恶和不确定性的解释

何良兴 ◎ 著

中国财经出版传媒集团

经济科学出版社
Economic Science Press

图书在版编目（CIP）数据

从创业意愿到行为投入差异：基于损失厌恶和不确定性的解释/何良兴著. --北京：经济科学出版社，2022.9

ISBN 978 - 7 - 5218 - 3927 - 2

Ⅰ. ①从…　Ⅱ. ①何…　Ⅲ. ①创业 - 研究　Ⅳ.①F241. 4

中国版本图书馆 CIP 数据核字（2022）第 146852 号

责任编辑：胡成洁
责任校对：王京宁
责任印制：范　艳

从创业意愿到行为投入差异：

基于损失厌恶和不确定性的解释

何良兴　著

经济科学出版社出版、发行　新华书店经销

社址：北京市海淀区阜成路甲 28 号　邮编：100142

经管中心电话：010 - 88191335　发行部电话：010 - 88191522

网址：www. esp. com. cn

电子邮箱：esp@ esp. com. cn

天猫网店：经济科学出版社旗舰店

网址：http：//jjkxcbs. tmall. com

北京季蜂印刷有限公司印装

710 × 1000　16 开　11.5 印张　200000 字

2022 年 10 月第 1 版　2022 年 10 月第 1 次印刷

ISBN 978 - 7 - 5218 - 3927 - 2　定价：58.00 元

前　　言

虽然创业意愿是预测创业行为的有效指标，但在实际创业活动中，创业意愿与创业行为存在差异。有些人全力投入，而有些人在"小试牛刀"后放弃；有些人创立了企业，而有些人迟迟未创立企业；甚至，资源禀赋相似的潜在创业者，其创业行为投入也存在很大差异。那么，在企业创立之前，创业意愿个体的行为投入为何存在差异？

为尝试探索这一问题，笔者结合行为阶段理论模型、创业活动情境不确定性和不确定条件下认知启发式等主要理论内容，形成了三个相互联系、层层递进的研究内容，并对 252 个有效样本进行实证分析，有了以下研究发现。

首先，创业执行意愿发挥中介作用，是解释创业意愿与创业行为投入差异的重要因素，也是创业意愿向创业行为转化的关键环节。个人在朝企业创立这一行为目标前进的过程中，可以将创业执行意愿（一种个人意志力）与创业目标意愿（一种个人动机）相结合。具体而言，创业不仅在于个人动机，还在于有没有坚定意志朝着创业目标前进。

其次，在不确定条件下，损失认知对创业意愿与创业行为投入差异的机制发挥调节作用。损失厌恶负向调节创业目标意愿与创业行为投入的积极作用，正向调节创业执行意愿对行为投入的积极影响。在整个创业行为产生阶段，损失厌恶表现出不同作用状态，表明创业意愿与创业行为投入差异机制还存在更深层因素。

最后，创业活动不确定性是解释损失厌恶不同作用状态的重要情境因素。其中，经济政策不确定性可以强化损失厌恶在创业意愿与创业行为投入差异机制中的调节作用。因此，可以制定相应政策并清晰解读，以降低政策复杂性；还可以建立有效试错机制，深化对政策的全面认识，培养应

1

对不确定环境的决策意识。

本书的贡献与创新点主要有三个方面。第一，以创业意愿与创业行为投入的差异为切入点，为创业意愿与行为关系现有研究内容提供新方向。第二，拓展创业研究理论空间和前景理论应用领域。将损失厌恶作为认知启发的重要形式，并与行为阶段理论整合，既为创业活动不确定情境的行为决策分析提供了新视角，又拓展了前景理论的适用范围和创业研究的理论空间。第三，从政策和行业两方面获取客观不确定性测量指数，一方面弥补现有研究主观测度不确定性的不足，另一方面启发后续研究探索表征不确定性的新内容。

本书付梓，得益于家人的无私包容和支持。而立之年，仍在科研起步阶段，备感压力。家人的无限包容，为我漫长的科研生涯提供了强大精神慰藉。

本书还得益于恩师张玉利教授的指导。被张老师收入门下，实乃人生一大幸事。在博士深造期间，老师鼓励我们以问题为导向进行自主探索，教导我们论证要有理有据，教导我们要多关注研究背后需要哪些工作而不是以文章发表为导向……这些教诲不仅是对学术探索的赤诚、敬畏，更是为人处世的原则，为我的研究、做事和为人都树立了典范。

本书亦得益于南开大学创业研究中心成员提供的诸多帮助。杨俊教授、田莉教授、胡望斌教授、牛芳副教授、林伟鹏副教授，对我博士研究给予耐心细致的指导，使研究设计日臻完善；正刚师兄给予的学术规划和生活指导，我未曾忘却；国科孵化器培训中心王伟毅师兄、青岛理工大学云乐鑫师兄、山东大学刘振师兄，对本书的研究设计及调研也给予了莫大帮助。

最后，得益于国家自然科学基金委管理学部的资助，得益于经济科学出版社崔新艳编辑就出版事宜给予的指导，以及胡成洁编辑在本书编审中的辛勤付出。

道阻且长，行则将至。诸多感激之情、温暖之谊都将装入行囊，随我渐行渐远。回首往事，不忘初心！

何良兴

壬寅虎年季夏　于南京

目　录

第一章
绪　　论

在实际创业活动中，创业意愿个体的行为投入存在差异：有些人投入很多时间精力，而有些人在"小试牛刀"后便放弃；有些人创立了企业，而有些人则迟迟未创立企业。那么，在企业创立之前，创业意愿个体的行为投入为何存在差异？对于这一现象，既难以从职业选择偏好解释——研究表明，即便是具有创业偏好的人，其职业生涯初期也更倾向就业（Roach et al.，2017）；也难以从资源禀赋解释——资源禀赋相似的个体，其创业行为也存在很大差异（何良兴，2017）。

实际上，个人创业行为投入差异，很大程度上反映出他们对未知风险或潜在损失认知的不同。将其具体到创业情境，则更加独特。创业活动本身具有强不确定情境（张玉利，2019；张玉利和谢巍，2018），这不仅在于创业结果难以预测，还在于创业活动不确定性本身具有内生性。在这种情境下，是否将更多精力投入创业，个人会加权衡利弊得失。具体而言，在对创业活动的潜在收益和潜在损失评价时，由于个体对未知结果的相关信息掌握不足，很难根据已有经验对未来结果做出评价。与收益相比，人们更倾向规避损失（Thaler，2016）。因此，个体损失认知差异，为解释创业意愿与行为投入承诺差异提供了重要方向。作为本书的研究起点，本章内容主要论述了研究问题的现实意义和理论背景，界定了核心研究问题，介绍了解决研究问题的方法和论证过程。

第一节　研究背景

一、现实背景

根据《全球创业观察》（*Global Entrepreneurship Monitor*，GEM）报告的中国近 10 年创业活动情况，整理出有关创业意愿与创业行为变动趋势，如图 1-1 所示。① 根据数字变动趋势可以看出：2010 年、2012 年和 2013 年，创业活动和已创立企业统计情况基本重叠，尤其 2013 年创业意愿、创业活动和已创立企业情况趋于一致；其他年份，创业意愿、创业活动和已创立企业之间不仅存在差异，而且在许多年份具有扩大趋势。这意味着，尽管个人具有创业欲望，但其创业投入与之并不匹配。此外，GEM（2018）指出，中国虽作为稳定经济体，但其创业活动不断减少；《中国大学生创业报告 2017》也同样披露，约 90% 受访者具有不同程度创业意愿，26% 受访者具有很强创业意愿，但一定从事创业活动的受访者仅占 3.8%。通过上述几组统计数据，可大致推断其背后反映的现实问题：创业意愿与创业行为投入之间存在差异，甚至十分明显。针对这一现象，二者之间尚未充分解释的空间，不能简单用"创业难"一言蔽之。

意愿与行为投入差异表现在许多方面。比如，许多青年男女具有保持美好形体的强烈愿望，但最终并未坚持运动和健身；想要戒除烟酒以保持良好生活习惯，但并未持续坚持戒除习惯；具有强烈学习动机，但实际学习投入不明显……种种现象背后，反映出个体认知的差异。将其具体到创业活动中，个人认知则更具独特性。

---

① 据 2009~2018 年 GEM 数据整理，数据披露于 2019 年 6 月，当年数据尚未公布。创业意愿表示 18~64 岁潜在创业或打算三年内创立企业的人口比例（不包括参与任意创业活动阶段的受访者）；创业活动（total early-stage entrepreneurial activity，TEA）表示 18~64 岁处在企业创立过程或已创立企业的人口比例（即新生创业者或新企业所有者）；新企业创立表示 18~64 岁已创立企业的所有者比例。

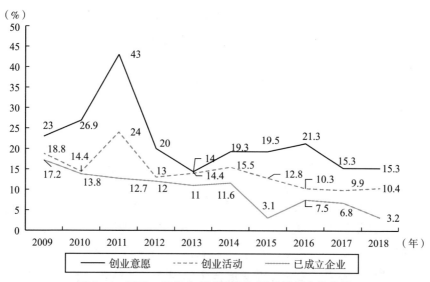

图 1 – 1　2009 ～ 2018 年创业意愿与活动数据变化趋势

资料来源：根据 GEM 2009 ～ 2018 年报告的中国数据绘制。

　　首先，创业活动嵌入高不确定性的环境中。这不仅表现在客观环境具有复杂性、动荡性，还表现在个人对创业活动的感知方面。在网络时代背景下，随着个人、组织等主体间的往来互动不断加强，创业者不仅要面对网络、技术快速变化带来的动荡环境、复杂政策和未知市场，还要面对信息缺乏难以有效预测创业结果的困境，以及行为变化带来预期结果偏离的困扰。因此，在这种环境下，个人对未知风险的感知和应对方式，是创业意愿与行为落差需要考虑的重要因素。

　　其次，创业活动不确定性具有内生特征。创业是一个社会建构的过程（Aldrich and Martinez，2006），创业行为轨迹的系列变化，会塑造出新的创业环境要素，新环境要素则意味着创业预期目标、初始资源和现有手段迭代、更新，进而作用于后续阶段的创业结果。因此，不同于日常生活、工作和学习行为，创业行为具有明显非线性，凭借惯性和传统规律做出创业行为决策存在困难。

　　在工作、生活中，虽然也存在"无/低意愿但有行为"的现象（迫于无奈不得不做、别无选择、逼上梁山等类似现象），但坚持付诸行为的比例较低（Rhodes and de Bruijn，2013；Sheeran，2002）。在创业活动中，意愿是启动整个创业过程的基础，但并非所有强烈意愿都会转变为实际行为——创立和经营新企业。创业意愿与实际创业行为投入之间存在很大差异。基于以上现实情况，探索创业意愿与创业行为投入之间存在差异的原因机制，不仅有助于揭示独特的创业认知和思维逻辑，还有助于探索创业认知和行为决策背后的独特情境因素，拓展创业规律内容，更为其他领域意愿与行为落差研究提供现实依据和理论参考。

二、理论背景

针对创业意愿与创业行为关系研究，一些学者很早就以"意愿模型"——计划行为理论模型（Ajzen，1991）、创业事件模型（Shapero and Sokol，1982）为基础，探索创业意愿与创业行为之间的转化机制。这些研究集中探索了影响创业意愿产生的因素，并结合动机理论和认知理论深入揭示创业意愿对创业行为的预测作用（van Gelderen et al.，2015）。比如，创业行为与个人动机、态度有关（Douglas and Shepherd，2000），成就需要动机、创业自我效能以及内控力强的人，其创业意愿或创业行为倾向都比较强（Greenberger and Sexton，1988；de Noble et al.，1999；Boyd and Vozikis，1994；Miner，2000；林嵩等，2016）；认知因素也是创业意愿转变为创业行为的重要路径（Mitchell et al.，2002，2007），个人对创业活动的风险感知、调节焦点（段锦云等，2016）等发挥着重要中介效应。

尽管上述研究从多角度证实创业意愿能有效解释创业行为（Ajzen，1991），但其理论解释假设仍然存在不足。首先，以往创业活动以市场预测、制订商业计划为主要逻辑，然而该逻辑的前提在于未来可以预测、创业发展路径可以规划。事实上，创业过程很难符合预期规划且充满不确定风险，会导致个人自信丧失、内控力降低。对此，动机理论在解释意愿与行为关系时，假定意愿强度决定目标实现，即意愿达到一定强度会自然引发相应行为。然而，该观点忽略了一个关键情况：即便个人行为意愿很强，但没有作为，其行为目标也很难实现（Gollwitzer and Sheeran，2006）。不仅如此，动机引发行为需要特定情境和时机，缺乏恰当情境或时机，预期行为也很难表现出来（Gollwitzer and Sheeran，2006；Gielnik et al.，2014）。因此，创业意愿与创业行为关系研究，仍存在许多问题空间值得探索和完善。

现有创业意愿与行为关系探索，本质上属于意愿－行为一致性研究，忽略了两者之间存在的不一致问题。实际上，意愿与行为既有一致性，又有差异性（Gollwitzer and Sheeran，2006）。意愿与行为一致性表示意愿可以诱发相应行为或意愿不存在也未诱发相应行为；差异性则表示意愿没有诱发相应行为或意愿不存在却产生非深思熟虑、冲动性行为。在意愿－行为不一致中，意愿并未诱发相应行为是二者存在差异的主要表现（Gollwitzer and Sheeran，2006），具体到创业活动中，创业意愿与创业行为差异逐渐受到关注（Gielnik et al.，2014；van Gelderen et al.，2015，2018；Adam and Fayolle，2015；Lerner et al.，2018）。因此，探索创业意愿与行为差异有助于弥补意愿－行为差异性研究。

目前创业意愿与行为差异性研究，对创业活动独特性考虑不足。吉尔尼克等（Gielnik et al.，2014）在探索创业意愿能否建立企业时，从行为计划入手，揭示了其在目标意愿、积极幻想对新企业创立过程中的调节作用；吉尔尼克等（Gielnik et al.，2018）从年龄角度揭示原因机制——年长者因先前创业经历丰富（社会资本），更易由创业意愿转变为企业创立行为；年轻人虽对未来充满期待，但因其经验、阅历不足，不易产生企业创立行为。范格兰德（van Gelderen et al.，2015）以行为相关情绪，解释了创业意愿与行为投入产生差异的原因，即个人对创业行为有关的负面情绪发挥重要影响，但自我控制有助于改善这一现象。崔祥民等（2017）以关键事件为情境，揭示个人情感体验（积极/消极）是影响创业意愿能否转变为创业行为的重要因素。除个人特征、心理资本外，一些学者也探索了环境要素的重要作用：刘宇娜和张秀娥（2018）在解释创业意愿向创业行为转化机制中，环境不确定性对整个过程负向调节，即环境不确定性是考虑创业意愿与行为存在差异的重要因素；希罗科娃等（Shirokova et al.，2016）则将个人背景（家庭背景、性别、年龄）和创业教育背景综合考虑，发现两者均有助于创业意愿向创业活动转变。

上述研究围绕个人特征、心理资本、关键事件和环境要素进行了探索，甚至将一些因素综合考虑，但它们对创业活动的独特性考虑不足。也正因如此，一些创业意愿与行为差异性研究存在不同甚至相矛盾的结论。比如，亚当和法约尔（Adam and Fayolle，2015）、范格兰德（van Gelderen et al.，2018）分别发现执行意愿在创业意愿与行为差异中发挥调节作用、中介作用。因此，进一步考虑创业活动独特性，有助于弥补现有研究不足、进行更贴合创业活动规律的研究。

创业活动独特性主要表现为结果不确定及其内生性。创业活动的不确定性与一般管理活动的风险不同。传统管理决策风险强调：根据不同结果概率做出选择，一旦做出选择就要面对该结果不能发生的风险，提前做好计划和应对措施。然而，这一逻辑在不确定环境下很难适用。因为，在不确定环境下，人们很大程度上表现为有限理性，他们很难提前掌握相关决策信息，很难基于既有信息估计未来结果概率，对事件结果的状态、影响以及反应如何难以知晓（Milliken，1987）。这不仅与信息不完备、资源有限有关（Milliken，1987；张玉利和何良兴，2017），还与个人认知能力有限有关，比如记忆力、计算能力、心理设施、注意力有限等（周雪光，2003）。

在未来不确定时，创业努力结果未知，而且伴随行动者的试错、探索过程表现出一定内生性，其结果概率更加难以估计，与就业相比，创业成为一种更具风险的选择（Hsu et al.，2017）。如果个人将资产投入创业，未来回报能否达到预期的不确定性增加，一旦失败，后果会非常严重；此时，损失厌恶框架效应（Kahneman and Tversky，1979；Thaler，2016）所表现出的担忧风险、畏惧失败等心理，对创业行为的阻碍作用更加明显（Hsu et al.，2017）。萨拉斯瓦西（Sarasvathy，2001，2008）认为，在奈特不确定环境（Knightian Uncertainty）下，有限理性个体可以通过实验、惯性学习来搜集信息，进而估计事情发生概率分布并做出有效决策。随着创业活动信息不断积累、创业活动认识逐渐加深，损失厌恶带来的决策框架效应也会随之发生改变，最终对预期行为可行性发挥重要作用（Kahneman and Tversky，1979；Hsu et al.，2017）。因此，从损失厌恶角度，探索不确定环境下个人对未知结果的认知逻辑，对揭示创业意愿与行为存在差异的原因机制具有重要启示重要理论意义。

第二节 研究问题与价值

一、研究问题与对象

与传统商业环境相比，当前商业环境中个体和组织互联互通深化、信息更加多样，且事件复杂性、随机性使环境不确定性进一步加剧（张玉利和何良兴，2017）。在该背景下，创业活动收益与风险存在更多不确定性。即便新创立公司多数不会失败，但概率至少为 50%，与收益相比，人们对失败风险的担心也许是需要考虑的重要因素（Thaler，2016）。因此，创业意愿与行为差异分析不能局限于意愿强度和创业动机。而且，以创业行为实施群体为研究对象，探索创业意愿向创业行为转变机制会存在样本选择偏差问题（Heckman，1979）。对此，本书以潜在创业者为研究对象，深入探索创业意愿与行为投入差异背后的中间机制和情境因素。具体问题有以下几点。

第一，创业意愿与行为投入之间存在差异的中间机制是什么？针对创业意愿向创业行为转变存在的差异现象，以往研究探索意愿强度显然还不够。毕竟，高强度意愿也需要具体作为，否则最终目标也难以实现。因此，创业意愿与行为投入决策存在差异的中间环节，或者说什么中间路径有助解释创业意愿与创业行为如存在差异？这是一个有待深入讨论的问题。

第二，创业意愿与行为投入差异机制，在具体的损失认知逻辑下表现如何？或者，个人损失厌恶时，其创业意愿与行为投入差异的中间路径作用如何？在创业过程中，个人很难事先估算会发生哪些结果，加之个人不断试错、探索产生的内生不确定性，导致创业结果概率更加难以估算。尽管创业成功会为个人带来高额回报，但面对高度不确定性，个人难以基于现有信息、经验对创业盈利状况做出概率估计。因此，在面对不同程度的不确定性时，个人创业决策逻辑会存在很大差异（McMullen and Shepherd，2006），个人很难用预期效用价值作为决策依据，与收益相比，人们更担忧创业失败带来的损失（Thaler，2016），多数人表现出的损失厌恶启发式则成为实际行动的阻碍。具体损失认知启发逻辑对创业意愿与行为差异机制的影响如何，有待进一步明确和具体分析。

第三，作为创业意愿与行为投入差异的重要因素，损失厌恶的影响机制在不确定环境下如何表现？不确定性不仅意味机会，更意味着损失风险，在创业活动中，这一未来结果很难预测。特别是伴随网络高度普及带来的信息多样、市场动荡，个人有限理性更加明显，个人注意力、计算能力等难以满足纷繁复杂的信息内容，很难凭借现有信息对创业结果做出准确预测。加之行动者不断试错、探索，使不确定性表现出一定程度内生性，结果概率更加难以估计。对此，不确定条件下的认知启发式，对行为决策具有重要影响（Luan et al.，2019）：面对潜在损失风险，个人将其与现有状况相比，会更加担心损失，从而成为意愿向具体行为转变的阻碍（Hsu et al.，2017）。当前，针对不确定性在创业活动中具体作用的研究，主要从感知角度入手（汪丽等，2012；和苏超等，2016；胡海青等，2017；彭学兵等，2017）。不过，主观感知不能完全、甚至会有偏地反映不确定性客观形式。尤其在当前产业转型升级、经济体制改革深化的背景下，更应将不确定性客观形式考虑进来。对此，将不确定环境的客观、主观内容考虑在内，探索创业意愿与行为投入差异原因机制的具体表现，有助于更完整揭示不确定环境的具体作用。

二、研究价值

为解决核心研究问题，本书以行为阶段理论模型为基础，借鉴前景理论有关核心内容，并嵌入不确定环境，对揭示创业意愿与行为决策落差机制具有重要理论价值和实践价值。

第一，深化创业意愿与行为差异研究，为意愿与行为关系探索新方向。创业意愿与创业行为差异性研究处于初步阶段，行为阶段理论模型在探索中的应用开始受到关注（Ilouga et al.，2014；Gielnik et al.，2014；van Gelderen et al.，2015，2018）。比如，创业意愿对创业活动作用受年龄调节（Gielnik et al.，2018）；目标意愿对企业创立的影响，执行意愿可能发挥中介作用（van Gelderen et al.，2018），也可能发挥调节作用（Gielnik et al.，2014）。现有研究虽围绕意愿类型、个人特征等方面做了初步探索，但对情境因素考虑不足，既忽略了个人对创业活动潜在损失的担忧，也未全面考虑环境要素的具体影响。受行为阶段理论模型启发，本书将其核心内容由心理学领域拓展至创业研究领域，整合个人动机和认知并嵌入不确定环境，构建"不确定环境下，创业意愿与行为投入差异机制研究模型"，通过深入探索创业意愿与行为投入差异的中间路径和影响机制，既有助于弥补现有研究重点关注创业意愿与行为一致性的不足，又有助于为创业意愿与行为决策差异探索提供新方向。

第二，为前景理论在创业研究中的应用提供新方向。以往研究对创业意愿与行为关系的探索，主要围绕个人特征、心理认知或二者的交互进行（Krueger et al.，2000；Christopher and Michael，2014；Kautonen et al.，2015），即便考虑到环境要素的具体作用，也并未将创业活动面临的独特情境（不确定性）考虑在内。在不确定条件下的行为决策，前景理论要比预期效用理论更加适用（Kahneman and Tversky，1979），具体到创业活动，对于新企业创立的潜在收益与损失，人们更担心后者（Thaler，2016）。因此，本书借鉴前景理论有关核心内容，将损失厌恶拓展到创业研究领域，并与行为阶段理论整合，探索其在创业意愿与行为决策机制间的作用，有助于丰富前景理论适应范围、拓展创业研究理论、完善创业活动认知逻辑。

第三，从客观和主观两方面，完善不确定环境作用的探索。在创业活动中，不确定环境要素和内容探讨已引起诸多学者注意。萨拉斯瓦西（Sarasvathy，2003）基于机会信息是否容易获取，将创业机会分为机会发现、机会识别和机会创造，其中信息是否易得即为客观不确定表现；麦克伦和谢佛德（McMullen and Shepherd，2006）将第一人称机会（主观要素）和第三人称机会（客观要素）整合，构建了促进创业行为产生的过程模型。尽管如此，不确定环境有关内容，对创业活动的具体作用机制仍处于探索阶段，主要表现为个人对客观因素感知所产生的具体作用（和苏超等，2016；胡海青等，2017；彭学兵等，2017）。主观感知不能完全、甚至会有偏地反映不确定性客观形式，因此，本书将客观内容考虑在内，从客观要素和主观感知两方面，深入讨论不确定环境对创业行为决策的影响机制。这既符合生态理性假设，又为深化创业活动不确定情境具体内容和作用机制提供了启示，与已有研究相呼应（McMullen and Shepherd，

2006）。

对创业意愿与行为决策落差现象研究，不仅在于解释这一客观现象，还在于借此促进人们对创业现象形成一种更加清晰、客观的认识，并为个人提供一种在不确定环境下探索世界、突破自我和应对不可知未来的行动逻辑。其实践价值在于以下方面。

首先，呼吁提供针对性的创业行为转化政策，提升创业质量。创业意愿与行为之间存在落差，人们很容易将这一现象归因于创业环境，如政府政策、行业环境等因素，从而呼吁政府有关部门提供更多帮助与支持。事实上，除上述因素外，我们更应强调针对性政策或措施，消除个人对不确定环境的焦虑和潜在损失风险的担忧。具体而言，塑造"宽容失败"文化氛围、健全创业退出机制、鼓励先试先行、进一步激发创业精神，最终，通过一系列有效措施提振人们探索创业活动的信心。

其次，为有限理性个体运用启发式进行决策或应对认知偏差提供借鉴。个人不是完全理性的，其理性水平受认知有限性制约，比如心理约束（认知偏差、谬误等）对计算能力的影响。因此，只有了解认知偏差，才能有效应对偏差。在不确定环境下，个人有限理性更加明显，他们对未知失败与风险带来的损失存在厌恶甚至畏惧，最终，损失厌恶所反映出的损失规避动机，会导致个人延迟、甚至放弃相应行为。对此，可以通过创造性思维逻辑关注风险控制，强调低成本试错、小规模实验以不断积累经验、信息，从而将未知情况决策转变为已知情况决策。而且，随着信息增加，个人不仅对决策对象逐渐形成全面、客观的认识，其决策参照点也会发生变化、损失敏感性降低，最终凭借启发式和归纳逻辑有效决策、逼近成功。

最后，正确理解创业活动不确定环境，为采取针对性措施、降低不确定性提供了方向指导。经济社会转型导致商业环境的动态性、复杂性、不确定性和模糊性凸显。在这种情况下，创业活动中的一些行动逻辑开始表现出普适性，并对主流管理理论做出重要贡献。传统管理理论强调：基于预测基础上的行动和控制，通过系统搜集、分析信息，制订计划并增强计划柔性（滚动计划法、目标管理、战略柔性等）；打造核心竞争优势，以不变应万变；在使命和愿景驱动下以洞见快速行动等措施。然而，随着不确定性环境、问题越来越明显，传统管理思维的目标导向逻辑受到挑战。

因此，在新时代背景下，通过创业意愿与行为差异性探索，提炼创业管理研究新内容，对促进管理决策中的有效行为具有重要实践意义。

第三节　研究思路与方法

一、研究思路

本书根据创业意愿与行为落差现实问题，在行为阶段模型、前景理论有关核心内容基础上，整合探索性研究成果并考虑创业活动不确定情境，构建了"不确定环境下，创业意愿与行为决策落差机制研究模型"。为解决这一现实问题，本书以期通过访谈和问卷调查，获得研究对象对创业意愿和行为决策的具体认知与评价，借助有关信息探索认知启发式在研究框架中的关键作用，并与现有理论对话，提炼理论贡献。本书具体技术路线（见图1-2）包括：现实问题分析与文献研究→结合专家建议凝练问题→整合探索性研究成果，进行理论推演→提出研究问题、构建研究模型→确定研究对象和方法，设计量表→问卷调查和访谈→数据收集和整理→数据分析与模型检验→研究发现和理论贡献提炼。

（一）提炼研究问题与理论模型构建

首先，进行现实问题分析与文献梳理、研究。根据网络调查、创业调查报告和创业主题网站等二手信息资料，感受创业活动现实状况，并结合创业类专著和文献，从中提炼有关创业行为活动的研究问题。就有关问题与专家教授讨论反馈，不断聚焦、凝练；以问题为导向，系统查阅、梳理国内外相关研究成果和研究方法，初步形成研究框架和设计思路。其次，整合探索性研究成果，进行理论推演。基于以往研究成果——如主观和客观视角下网络不确定性分析（张玉利和何良兴，2017）、创业行为倾向产生机理等探索性研究成果（何良兴等，2017；何良兴，2017）——将研究成果中与本书问题相符的内容进行整合。最后，以行为阶段理论模型为基础，借鉴前景理论有关核心内容，结合已有研究成果进行逻辑演绎，完善研究框架。

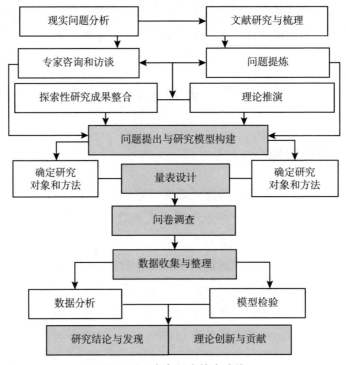

图 1 - 2 　 本书研究技术路线

（二）设计调查问卷

根据研究问题和目的，笔者参考国内外创业研究权威期刊，选择在中国情境下检验过的测量条目，包括创业意愿、创业行为。不确定性测量客观部分通过对二手数据整理获得，损失厌恶和不确定性测量主观部分则对成熟测量条目进行了情境化。在量表设计过程中，考虑到可能存在选择性偏差、对象甄别和时间滞后等问题，就相关问题咨询创业研究专家、教授，进一步调整和完善问卷结构、内容与表述。然后，通过网络方式发放问卷，以检测问卷内容是否易于作答、能否引起受访者兴趣，并基于反馈情况再次调整问卷结构、精炼问卷内容。

（三）调研阶段

根据研究问题并结合既有文献研究设计，选择调研对象、确定调研方法。由于本书研究目的在于揭示创业意愿与行为落差的原因机制，因此调研对象涉及潜在创业者；此外，还分析了不确定环境下创业者和潜在创业者的损失认知差异，因此还将部分创业者考虑在内。为获取这两部分研究对象的数据信息，本书采取了访谈和问卷调查的方法。调研阶段分为预调研和正式调研两部分。在预调研阶段，依据访谈提纲（附录 A）对创业者、潜在创业者进行访谈，以进一步聚焦和凝练研究问题，判断研究内容、问卷设计是否具有可操作性，并根据反馈情况对其中内容进行再次修改和完善，检验问卷内容的信度、效度情况。在正式调研阶段，通过专业调研公司和网络调查平台进行问卷调查、收集数据。问卷内容见本书附录 B。

（四）数据收集与分析

首先，收集和整理数据。本书的不确定性测量客观部分通过专门统计网站和上市公司数据库获得。由问卷调查获得的数据信息，按照统一格式和转化标准进行整理，对作答有误、前后矛盾、漏填以及不符研究要求的问卷予以剔除。其次，模型检验与数据分析。数据分析主要涉及共同方法偏差检验、信度效度分析、多重共线性检验、研究假设检验和稳健性检验等内容。最后，根据数据检验结果，深入分析不确定环境下创业意愿和行为落差的中间路径和影响机制。

（五）研究总结

基于数据检验结果和分析结论，提炼研究发现并与既有理论对话，指出本书理论贡献与创新之处，提出不确定环境下创业意愿与行为研究的理论启示，为更有效面对不确定的创业活动、促使个人理性行动提供建议。

二、研究方法

研究方法受研究问题、研究对象等条件影响。本书基于现实问题和既有研究探索创业意愿与行为决策落差机制，为揭示其中介路径和影响机制，以潜在创业者为对象，通过实证分析检验中介机制、调节效应有效性。所以，在研究过程中，对于研究问题界定和研究设计完善，我们借鉴了既有研究和专家建议，中介和调节机制检验则通过定量分析方法实现。

（一）文献研究

创业意愿与行为落差研究处于起步阶段，相关研究成果积累较少。但是，可以根据创业意愿与行为一致性研究内容及其基础理论，形成对创业意愿与行为落差研究的基本理论判断。具体而言，系统回顾和检索国内外有关创业意愿－行为一致性、创业活动不确定性、前景理论等期刊论文、学术专著和研究报告等文献资料。通过对文献内容整理分析，将现有成果与初步界定的研究问题进行迭代反馈，以进一步凝练学术问题；并根据理论基础和研究空白，构建"不确定环境下，创业意愿与行为投入差异机制研究模型"，识别出在该模型中发挥关键作用的影响因素。此外，通过文献研究，还有助于完善研究设计，发现本书在现有同类研究中所处的位置和所做的贡献。

（二）专家访谈

本书通过专家访谈就研究问题、理论基础和研究设计等内容进行了修改和完善，每位专家均多年专注于创业研究或实践，并在创业研究领域具有一定知名度和影响力。首先，在研究问题界定过程中，根据创业研究专家建议的现实价值和理论意义，本书对研究问题进一步聚焦；根据创业者和潜在创业者访谈内容（访谈提纲见附录 A），分析比较其对创业未知风险和损失的看法，使研究问题更实际、更具可操作性。其次，在理论基础方面，根据专家建议的与研究问题相关的理论为基础，厘清研究问题在不同理论基础中的位置，完善理论研究模型。最后，在研究设计方面，就问卷内容和结构设计咨询专家建议，以便有效甄别研究对象和修订问卷调查内容。

（三）定量分析

本书采取定量分析方法检验变量间关系，验证研究模型的中介机制和调节效应。在中介机制和调节效用检验中，由于存在多个自变量，因此采取多元线性回归分析方法，将多个自变量同时纳入回归模型，检验认知启发式的中介作用、不确定性的调节作用和整体模型有效性。在多元线性回归分析时，可能会存在多重共线性、异方差、自相关、内生性和样本选择偏差等计量问题，从而导致样本回归模型存在偏差（陈强，2014）。因此，在定量分析过程中，本书对上述可能存在的计量问题进行检验。此外，本书还对回归结果进行了稳健性检验，采用有效替代变量和多群组分析测试研究模型稳健性。

第四节 研究框架与内容

本书旨在探索创业意愿与行为投入差异机制问题，在现实问题和现有研究基础上，提出核心问题并构建研究模型，然后通过数据分析实证检验认知启发式的中介效用和不确定性的调节作用，最后提炼研究发现并进行理论总结。按照这一总体逻辑思路，本书研究框架如图1-3所示。

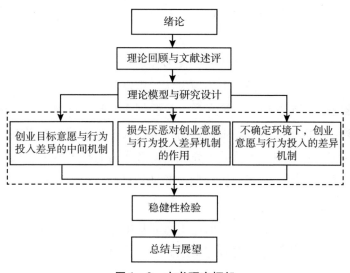

图1-3 本书研究框架

第一章为绪论。该部分内容主要围绕提出研究问题展开。首先，根据现实现象感受和提炼研究问题，分析在现实背景和理论背景下，探索"创业意愿与行为投入差异中间过程和影响机制"的重要性。其次，明确核心研究问题，从理论和实践角度论述研究价值，突出理论创新。最后，介绍了解决研究问题的具体思路和方法，对文章框架结构与具体内容进行阐述。

第二章为理论回顾与文献评述。在本章，首先，对行为阶段理论模型的由来、核心内容，及其在创业意愿与行为研究中的应用进行了论述和评价；然后，围绕研究的关键内容创业意愿与行为、损失厌恶、不确定性的相关研究进行了详细论述，为研究内容提供合法性；最后，在相关研究内容论述基础上，对每部分关键内容进行了总结和评价，指出其研究不足，阐述探索本书研究的重要性，为研究明确方向。

第三章为理论模型与研究设计。理论模型需要通过概念间关系反映出来，因此，本书首先对关键概念进行了解释，然后基于研究问题和现有研究基础构建了研究模型，并具体解释了研究模型与研究问题的对应。在研究设计部分，主要介绍了问卷设计、数据收集和数据分析方法等内容。具体包括：问卷设计过程和问卷内容结构；数据收集的方法、过程、对象以及质量控制；在子研究分析中所采用的定量分析方法。

第四章至第六章为子研究设计。在第四章，探索创业意愿与行为投入差异中间路径，目的在于解释创业意愿与行为投入差异的重要因素，证实创业意愿向行为转化的关键环节；在第五章，探索中介机制在损失厌恶下的具体作用，目的在于揭示个体损失认知逻辑在创业意愿与行为投入差异中间机制中的调节效应；在第六章，检验创业意愿与行为投入差异原因机制在不确定环境下的具体表现，目的在于探索创业活动不确定条件下，损失认知对创业意愿与行为差异中介机制调节作用的具体情况。每一章对假设推导、变量测量、实证分析（假设验证和稳健性检验）和研究结果均做了详细论述。

第七章为总结与展望。在前述子研究基础上，系统总结本书研究结果和研究发现，总体阐述主要研究贡献和实践价值，并对研究的不足和展望简要论述。

首先，根据实证检验结果，总结研究结论并根据结果进行推断；其次，与现有研究相比较，阐述研究特色，总结理论贡献，提出实践启示；再次，指出研究局限，为未来研究提出实质性建议和方向；最后，对研究作整体总结，阐述研究发现对生活、工作和应对未知的普遍性意义。

第二章

理论回顾与文献述评

第一节　行为阶段理论模型

一、模型由来：一个历史事件的隐喻

"卢比肯（Rubicon）"一词源于意大利北部的卢比肯河（Rubicon River）。公元前49年（罗马共和国末期），凯撒大帝（Julius Caesar）在几经犹豫后，率领其军队穿越该河流并发动了内战。穿越河流时，凯撒力排众议：要么去征服，要么被消灭。因此，"穿越卢比肯"这一隐喻象征着，个人一旦决定实现某一愿望，就要排除各种杂念，坚定采取行动，否则目标结果难以达成（Heckhausen and Gollwitzer，1987；Gollwitzer，1990，2012；Achtziger and Gollwitzer，2007）。

二、行为阶段理论模型核心内容

行为阶段模型揭示了实现目标过程中的四个不同阶段。第一阶段为预

决策阶段（pre-decisional phase），根据结果期望和可行性进行评估，慎重考虑实现愿望可能存在的利弊，即如果我想的话，我能够得到想要的结果吗？第二阶段为预行动阶段（pre-actional phase），从何时、何地以及如何采取行动等方面，做出实现目标的计划。第三阶段为行动阶段（action phase），产生目标导向行为并使其顺利进行，从而朝着目标前进。第四阶段为行动后阶段（post-actional phase），回顾目标实现的整个过程，并思考未来行动，即：我是如何有效执行目标行为的？如果进一步实现预期结果，我还需做什么？

　　该模型认为，在整个阶段中，个人内心活动受不同心理准则支配（Gollwitzer，1990，2012；Heckhausen and Gollwitzer，1987）。首先，动机理论能很好地解释第一阶段和第四阶段的心理过程，即想要实现什么目标，是目标设置过程；其次，意志（volition）理论更适合解释第二阶段和第三阶段的相关心理过程，即打算怎样实现目标，是目标奋斗过程（Gollwitzer，2012；van Gelderen et al.，2015）。具体来说，目标设置与目标动机有关，在解释创业目标设置的理论中，计划行为理论和创业事件模型均假设个人通常会考虑可用选择的可行性和期望性；目标奋斗则涉及与目标设置有关的意志力问题——将既定目标转化为具体行为，尤其对整个过程进行调控（Brandstätter et al.，2003），反映了个人如何朝既定目标有效前进的问题（Gollwitzer，2012）。目标设置与目标奋斗相结合，既解决了个人选定什么目标的问题（做什么），又解决了个人如何有效实现目标的问题（怎么做），为意愿向行为转化提供了坚实理论基础。

　　除心理准则不同外，卢比肯模型（Rubicon Model，即行为阶段模型）每个阶段认知模式也存在不同。因为，每个阶段任务不同，受目标驱动的个体面对的挑战也就不同，从而激活不同认知过程（即心态），这有助于个体克服不同阶段挑战（Achtziger and Gollwitzer，2007；Keller et al.，2019）。预决策阶段，个人往往持相对开放、无偏的心态来处理信息（van Gelderen et al.，2015），思考实现目标潜在的利弊，是一种审慎心态（deliberative mindset）（Achtziger and Gollwitzer，2007）；决策后阶段，个人根据确定目标计划具体行为，以有偏心态评估和处理信息，并减少接受新信息（van Gelderen et al.，2015），是一种实施心态（implemental mindset）（Achtziger and Gollwitzer，2007）。审慎心态向实施心态转变，就好比"穿越卢比肯河"：虽有所犹豫，但目标一旦确定，就会义无反顾、勇往直前（Heckhausen and Gollwitzer，1987；van Gelderen et al.，2015）。两种心态对个体认知和行为影响都存在很大差异。例如，个人成就动机很大程度取决于成功愿望，而非对失败的恐惧。这意味着，与审慎心态相比，当个人处于实施心态时，会表现出强烈的乐观主义幻想。相反，当个人处于审慎心态时，畏惧失败能够提升其自我能力感知，而当他们处于实施心态时则不能（Achtziger and Gollwitzer，2007）。

三、行为阶段理论模型和创业意愿与行为研究

在创业行为研究中，意愿是预测行为的关键因素（Ajzen，1991）。计划行为理论和创业事件模型作为解释意愿与行为关系的主要心理模型，虽被诸多学者借鉴，但意愿对行为方差解释比例很低，即意愿强度并不必然诱发行为（van Gelderen et al.，2015）。卢比肯行为阶段模型不仅强调意愿强度重要性，还将个人不同认知模式考虑在内，动机理论与认知模式结合为创业意愿与行为落差研究提供了理论基础。不过，目前在创业领域，鲜有研究对这一模型进行拓展和深化。

伊罗佳（Ilouga et al.，2014）遵循卢比肯模型核心构念（如意志），揭示了大学生创业意愿与职业选择之间相互影响的心理机制。即意志技能（volitional skill），特别是自我调节能力，对创业意愿具有中介效应，且打算创立企业的个人具有更强自我调节能力。该研究表明，将个人承诺与远大职业目标相联系时，个人意志力能发挥关键作用。范格兰德等（2015）基于卢比肯模型前三个阶段，以潜在创业者为对象，探索了人格倾向、行为情绪对创业意愿与行为落差的影响机制。其研究结果表明，创业意愿与行为落差程度取决于个人自我控制能力和行为情绪：消极行为情绪可以加剧意愿与行为落差，但自控能力能抵消这一影响并正向调节意愿强度与采取行动的关系。该研究从行为层面探索调节意愿与行为关系的构念，既弥补以往意愿模型对行为解释的不足，又为意愿与行为落差研究提供了新方向。

四、总结与讨论

行为阶段理论模型将心理准则与认知思维模式整合，既揭示了个人实现目标的行动机制，又揭示了个人不同心态下的认知水平。为未来进一步讨论不同情境下，个人意愿与行为转化的认知机制，提供了良好的理论探索空间，具体有以下几个方面。

第一，在该模型整个行为阶段中，目标设置与目标奋斗交互作用，有效揭示了个人为选定和实现目标而采取实际行为的行动机制和认知模式。个人在不同行为阶段表现出的心态与认知偏差决策准则相似：在预决策阶段，个人持审慎心态，对信息处理具有开放、无偏态度，类似于行动者评价"我是谁""我知道什么""我认识谁"；在决策后阶段，个人表现的实施心态，更加聚焦与具体目标有关的信息，以一种有偏心态行动；审慎心态向实施心态转变存在的寓意，就是对个人认知偏差的生动体现。

第二，该模型推动了传统动机理论再概念化（Achtziger and Gollwitzer，2007）。在行为阶段模型中，第一阶段和第四阶段从动机角度讨论目标设置问题（Achtziger and Gollwitzer，2007；van Gelderen et al.，2015）；第二阶段和第三阶段从意志力角度讨论目标奋斗问题。若将行为阶段模型具体应用到创业活动，可以认为，在"创业成功愿望→明确企业创立目标→实施具体创业行为→评估创业行为实施情况"的整个过程中，目标设置与目标奋斗结合，对企业创立具有关键作用。不过，目标设定到目标实现之间还存在很长距离（Gollwitzer，1990）。因为，行为实施不确定性会增加个人害怕失败的恐惧，诱发自动规避倾向（Gable et al.，2000）和深刻反思（Baumeister et al.，2007），进而引发思考："我真的愿意放弃现有工作吗""我真的愿意把辛苦得来大部分积蓄进行投资吗"等问题。畏惧失败损失还会使个人注意力转移——由关注结果可能性转移到关注后果严重性（Loewenstein et al.，2001），从而导致其在意愿转化为行为时更加谨慎（van Gelderen et al.，2015）。

在创业活动中，所有创业行为都可以被看作目标，虽存在多种方式实现目标，但个人倾向以规避失败损失的方式把握创业机遇（Carsrud and Brannback，2011），他们在面对不确定预期结果时，若更加关注损失则可能推迟创业，甚至会自然"劝退"。对此，行为阶段模型对揭示企业创立行为能否顺利实施具有很好指导作用。在创业筹备阶段，由于对不确定风险的担忧、畏惧心理，个人会基于自我信念（风险感知、预期结果等）改变意愿，表现出审慎心态；在创业过程中，存在难以凭惯例自动激活目标的不确定情境，此时个人意志力则具有重要作用（van Gelderen et al.，2015）。因此，行为阶段模型为探索个人创业意愿与行为投入承诺差异提供了很好的理论基础。

第二节　前 景 理 论

一、前景理论背景

在前景理论（prospect theory）[①] 提出之前，学者们对个人风险情境下的决策分析主要基于期望效用理论（Neumann and Morgenstem，1947）。期望效用理论（expected utility theory）是一种理性选择逻辑，认为人们在决策时更加关注财富绝对状态和最终状态。然而，20 世纪 70 年代以来，大量研究发现决策行为非常复杂。尤其卡尼曼和特沃斯基（Kahneman and Tversky）发现，个人在不确定情况下的判断和评价通常会"系统偏离"经济学的标准理性假设。他们指出，期望效用理论虽适合描述理性决策行为，但不符合不确定情况下的决策行为（常鑫和殷红海，2003）。

首先，人们在面对确定结果和概率结果时会产生确定性效应，即高估确定结果、低估概率结果，从而对确定收益持风险规避态度，对确定损失持风险偏好态度。其次，人们对不同前景进行选择时会产生一种孤立效应，即忽略前景中的共同部分，导致人们因前景描述方式不同而做出不同决策，比如，"执行商业计划可以带来90%的收益"与"执行商业计划可以降低10%的损失"这两种前景会产生不同心理反应和决策。最后，当损失和收益绝对值相同时，人们在二者之间选择会表现出反射效应。基于上述不足，卡尼曼和特沃斯基以"前景"这一概念为基础于1979 年在其

---

① 又译作展望理论、预期理论。

论文《前景理论：风险下的决策分析》（*Prospect Theory：An Analysis of Decision Under Risk*）中提出了更加人性化的前景理论。前景即目标，是一种潜在收益或损失。

二、前景理论核心内容

前景理论作为一种描述性范式，其决策过程主要分为两个阶段：编码阶段和评估阶段。在编码阶段，个人依靠框架和参照点采集并处理信息，通过对数据进行整合简化得到几种不同选择，从而将选择描述为相对于参照点的收益或损失。在评估阶段，个人对信息判断遵循主观价值函数（subjective value function）$V(x)$（见图 2-1），主观价值函数反应前景结果 x 与个人主观满足大小之间的关系。具体来说，个人面对不确定风险决策时，会在心里预设一个参照点，参照点位置取决于个人主观印象；主观价值函数曲线在参照点处发生转折，表示财富增加或减少（Kahneman and Tversky，1974）。

前景理论核心内容有 3 个主要认知特征：参照点、损失厌恶、财富敏感度边际递减。第一，个人对结果的评估与中性参照点相关：超过参照点则被认为收益，低于参照点则被认为损失。在决策时，个人不仅注重财富绝对量，更注重财富相对变化量；面对收益前景，人们会表现出风险规避倾向，面对损失前景，人们会表现出风险偏好倾向。第二，个人对财富的敏感度存在边际递减现象。比如，由 9000 元增加至 9100 元的感受要小于由 0 元增加至 100 元的感受。第三，损失厌恶。即等量的损失水平和收益水平，前者给人带来的痛苦感大于后者给人带来的喜悦感（卡尼曼，2016）。

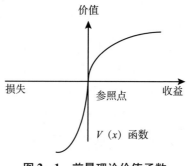

图 2-1 前景理论价值函数

三、前景理论在创业意愿与行为决策中的应用

前景理论详细描述了人们在不同前景下的行为表现，对于分析行为产生原因具有很好启发，为解释创业者如何评价风险以及为何采取冒险行为提供了重要理论参考（Busenitz et al.，2003）。在创业活动中，创业者对商业情境表现出的框架效应比其他人更加积极，他们倾向于将这些情境看作机会，而其他人则认为这些情境存在很大风险。针对这一差别，前景理论给出了很好的解释：个人在决策时表现出的损失厌恶特征，导致其对不确定风险认知存在差异。

前景理论揭示的认知偏差存在于理性群体和有限理性群体中。在有限理性群体中，创业活动存在很大不确定性，创业者难以掌握完备信息、预测未来结果状态，只能依靠启发式思维做出决策以决定是否坚持创业行为。樊少华（2007）和段丽（2015）以前景理论为基础，建立了不确定条件下的创业风险决策模型，其中，预期回报、损失厌恶对创业决策都具有重要影响。牛芳等（2012）以前景理论为基础分析了时间、资本投入对坚持创业行为的影响作用。他们发现个人投入的资本、时间越多，越倾向坚持创业行为；因为，前期投入作为参照点，是落在损失区域的沉没成本，根据前景理论，个人在面对损失时会表现出风险偏好，放弃创业则意味着确定性损失，坚持创业才可能将确定性损失转变为可能性损失，甚至偿回损失；但是，如果后期追加投入超过创业者心理预算，他们会表现出放弃创业行为，以避免更大的损失带来痛苦。

四、总结与讨论

前景理论以微观基础视角，在效用理论上增加了一些新概念，如参照点、损失厌恶等，这不仅为众多学者所接受（卡尼曼，2016），也为解释个体行为差异提供了重要理论指导。在创业活动中，前景理论的应用开始引起学者关注，它为解释创业行为、构建不确定条件下的创业决策模型提供了重要理论基础。

不过，前景理论自身也存在缺陷和不足。首先，前景理论作为一种描述性范式，只解释了个体在不确定风险条件下的具体行为表现，并没有阐述个体应该采取什么行为。其次，个体在做出行为决策时，其参照点如何被创建、如何被选择以及如何随时间变化，并没有得到充分解释。最后，个体产生风险偏好行为或风险规避行为的条件是什么，以及这些行为倾向如何随时间变化也尚未得到解释。由于创业活动不确定要素随环境或行为不断迭代、演化，有限理性个体难以基于既有信息预估未来行为结果，损失厌恶启发式思维使个人在面对风险时更担心损失（Thaler，2016；卡尼曼，2016）。因此，在不确定环境下，具有创业想法的个体，其实际创业行为偏好或做出创业行为决策的中间机制、条件要素如何，可借鉴前景理论有关核心内容进行探索。

第三节　行为阶段与前景理论

在行为阶段理论模型中，从目标设定到结果达成之间存在很长距离（Gollwitzer，1990），意味行为实施存在诸多不确定因素。针对这些不确定因素，创业活动有存在独特性，即创业环境不确定性及不确定性内生性。创业是一场不确定之旅，它不仅意味着机遇，更意味着未来难以预期。特别在动荡复杂的市场环境下，由于个人认知能力有限，无法凭借已有信息对结果概率做出有效预测，同时伴随个人试错、探索过程带来不确定存在内生性。在这种条件下，创业意愿向创业行为跨越，自然面临未知风险的不可预估，此时基于期望效用理论的决策方式则很难满足情境要求（Kahneman and Tversky，1979；常鑫和殷红海，2003；Thaler，2016）。对此，前景理论中的有关核心内容为我们分析不确定条件下的创业行为决策提供了很好启发。

在前景理论中，损失厌恶作为一种框架效应，对启发式对创业情境下的行为决策具有重要作用。首先，前景理论与创业活动均适用于相同情境条件——不确定性。尽管行为阶段理论为分析创业行为投入过程提供了坚实基础，但将其嵌入创业活动不确定情境下，其过程机制会存在不同表现。在创业活动不确定风险下，个人以思虑心态反思和评估创业能力（Baumeister et al.，2007），导致其更加慎重地为创业活动进行投入（van Gelderen et al.，2015），促使其产生损失或风险规避倾向；实施心态所反映的意志力，可能促使具有创业抱负的人采取行动（Markman et al.，2005），但不确定风险表征的潜在损失，会使得他们对创业后果严重性更加敏感（Loewenstein et al.，2001）。因此，不确定条件下，未知损失或风险作为认知水平触发器，对个人以正确心态和认知方式实施创业行为至关重要。

在前景理论中，损失厌恶是行为决策中其他认知偏差的基础，如禀赋效应、框架效应和现状偏见等（Thaler，1980；Tversky and Kahneman，1981；Samuelson and Zeckhauser，1988）。损失厌恶与不确定情境非常相关（Li et al.，2012；Gal and Rucker，2018；Durante et al.，2019），鉴于新生创业者很难根据现有经验、信息对未知损失或风险做出估计，不确定条件的损失厌恶启发式与创业行为决策密切相关（牛芳等，2012；Lench et al.，2016）。损失厌恶表示个人规避损失的动机相对于获取收益的动机。针对创业未知风险、损失难以预估情况，多数人更担心损失：以现有财产状况为参照点，潜在收益若不能超过投入的资产，则会厌恶损失、采取风险规避行为；现有状况也会被建构为既得收益，面对创业失败率高的情况，相比于收益人们更担心损失（Thaler，2016）。最终，这种创业活动不确定性产生的启发式会阻碍创业行为实施（Frese，2009；McKelvie et al.，2011）。

综上所述，个人对未知风险的认知和判断，对创业意愿与行为转化产生重要影响。将行为阶段理论模型嵌入创业活动，未知损失或风险则成为题中之义，行动者在不确定条件下对其评价，损失厌恶则为其提供了很好的启发式或认知偏差。最终，未知风险或损失与行为阶段理论的位置关系如图 2-2 所示。

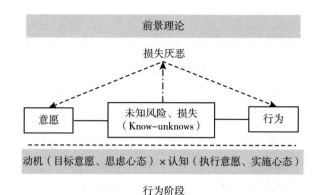

图 2 – 2　未知风险与行为阶段理论的关系

资料来源：根据主要参考文献绘制。

第四节　相关研究内容述评

一、创业意愿与行为相关研究述评

（一）创业意愿界定与测量

在创业意愿测量之前，首先要对其明确界定。只有这样才能使研究更具理论价值和指导意义（Whetten，2009）。创业意愿（entrepreneurial intention）又被译作创业意向、创业倾向，表示个人为创立企业所做的承诺以及朝向这一目标的态度。在创业活动中，它指的是个人创立新企业或实现自我雇佣的意愿，反映了创办者对于新兴组织及相关企业文化的愿景（Krueger，2000，2009）。由于创业意愿反映个人的创业态度和承诺，因此，创业意愿测量主要参照了"关于开发意愿量表的说明"（Ajzen，2011，2014），内容涉及愿望（我想要做什么）、可能性自评（有多大可能性）、行为倾向（打算如何做）等方面（Liñán and Chen，2010）。

在前两方面，陈超等（Chen et al.，1998）将"自我预测"和"纯粹意愿"（pure-intention）整合表征创业意愿；克鲁格等（Krueger et al.，2000）由受访者自评未来 5 年内创立企业的概率，以进行计划行为理论模型和创业事件模型比较分析；赵浩等（Zhao et al.，2005）则以"兴趣"为出发点测量创业意愿；林南和陈（Liñán and Chen，2010）认为"兴趣"

不等于"意愿",二人从"纯意愿"角度开发了跨文化创业意愿量表,并在中国情境下实现了很好应用;李莉娜等(Lee et al.,2011)在探讨组织和个人因素对创业意愿的影响时,以愿望为主要方式测度创业意愿,比如,我总想着为自己工作。在第三个方面,韦瑞克等(Virick et al.,2015)以失业人员为研究对象探索创业意愿影响因素,通过询问受访者是否打算创立自己的企业测量创业意愿;范格兰德等(2015)在探索创业意愿与行为关系时,对创业意愿测量设置了具体时间,即询问受访者在未来12个月计划采取措施创立企业的程度。除上述几种主要测量方法外,使用元分析方法测量创业意愿也引起了学者重视。比如,施莱格尔和凯尼格(Schlaegel and Koenig,2014)以满足要求的98个研究发现(123个样本)为基础,对创业意愿定义和测量进行编码,汇总整合了创业意愿测量方式,利用元分析方法检验了创业意愿的影响因素。

尽管诸多研究对创业意愿测量取得了实质性成果,但创业意愿分类研究还很少。以往研究假设意愿强度决定了目标实现,如果将这一假设嵌入创业活动中,则可以认为,创业意愿足够强就会促进创业目标实现。然而,如果个人只有意愿却没有具体作为,其创业目标最终也难以实现。而且,从目标设定到目标达成之间还存在很长距离(Gollwitzer,1990),个人是否想实现职业自由、财务自由,以及是否愿意为之实施,都对其行为结果产生影响。为此,部分学者开始探索具体创业意愿类型对创业行为结果的影响。吉尔尼克等(2014)研究发现,创业目标意愿与新企业创立的正向关系受行为计划调节,且调节效应随时间变化逐渐减弱;道格拉斯(Douglas,2013)利用探索性因子发现成长意愿和独立意愿是两个独立且不同的构念,前者与创业自我效能显著正相关,与工作态度负相关;后者与风险容忍负相关,与自主态度正相关。由此出发,探索不同创业意愿类型对创业行为的具体影响,有助于深化创业意愿与行为研究,是很好的理论探索方向。

(二)创业行为界定与测量

早期有关创业行为的界定主要表现在行为特征方面,比如,创业者的行为更加具有冒险性、创新性和前瞻性(Gartner,2001)。随着创业研究成果增加,创业行为界定变得更加宽泛,涉及不同创业类型(张玉利和杨俊，2003）、机会识别（刘兴国等，2009）、商业计划（资源、团队和网络）、创立企业以及一系列创业活动决策等。创业行为是一个复杂过程，受诸多因素影响（Thompson，2009），但是，创业行为宽泛界定容易将不同创业阶段行为表现、不同创业过程混为一谈，很难将新生/酝酿阶段与实际行动阶段区别开来，毕竟，创业行为准备阶段仍然是"0 阶段"，而实际创立企业才是"1 阶段"。

吉尔尼克等（2014）在研究行为调节要素对新企业创立的作用关系时，就将创业筹备活动与企业创立区分开。其中，行为计划（action planning）用参与者实施多种创业活动的计划细节来测量，这是创业筹备活动；企业创立则指新企业建立。为深入探索实际创业行为的产生机制，一些学者以企业创立为界定标准，例如通过创建新企业所需行为表征创业行为速度（杨俊等，2014）；以创业事件发生与否界定创业行为，个人单独或合伙创立企业则意味着产生了创业行为，相反则没有产生创业行为（李雯和夏清华，2013；倪嘉成和李华晶，2017）；韦斯特海德等（Westhead et al.，2005）用创业者同时创立企业的数量（创业者投资组合）作为创业行为代理变量，也反映了企业已经创立这一前提。

（三）创业意愿与行为影响因素和机制

虽然创业者无法准确预测未来结果，但他们可以根据不充分信息做出决策并采取行动（McMullen and Shepherd，2006；Edelman and Yli-Renko，2010）；他们能够基于机会特征形成机会信念（Gregoire and Shepherd，2012），而且这些信念将会影响他们的意图。创业意愿在企业创立行为和潜在外生因素之间发挥着重要中介作用，因此，研究创业者意图，能帮助我们更好地预测不确定条件下的创业决策路径（Kor et al.，2007）。

1. 创业意愿影响因素及其产生机制

创业意愿影响因素及其机制研究主要表现在外生因素、个人特征和认知因素等方面。

（1）基于客观因素的创业意愿影响因素研究。在文化背景方面，莫寰（2009）将计划行为理论模型嵌入中国文化背景，分析了创业意愿生成路径，他认为创业意愿影响因素和方式具有文化差异，感知行为控制对创业意愿具有正向作用、态度通过感知行为控制对创业意愿产生影响；与之相反，林南和陈（2010）以中国台湾地区和西班牙一些地区的大学生群体为样本，开发了跨文化创业意愿测量问卷，研究结果证实，创业意愿影响因素在不同地区都具有很好解释力度。在政策法规方面，法律法规、公共政策对创业意愿和行为具有激励作用；但是，政府法律法规、行业规范等相关成本越高，个人创业意愿就越容易被抑制（买忆媛等，2009）。在资源或资本禀赋方面，买忆媛等（2009）对全球创业观察报告的23个国家数据进行分析，发现人力、技术和金融资本对创业意愿均有积极影响，且金融资本禀赋高的个体倾向于机会型创业，技术资本禀赋高的个体倾向于生存型创业之外的行为。

（2）基于个人特征的创业意愿影响因素。在人口统计学变量中，性别、年龄、教育背景、职业经历等因素都会对创业意愿产生一定影响，比如，男性倾向创业的选择高于女性（Liñán and Chen，2010）；多元化职业经历对从事创业具有促进作用（莫寰，2009）；韦瑞克等（Virick et al.，2015）以838位失业个体为研究对象，通过贝叶斯估计方法检验发现，个人失业经历对创业意愿具有显著作用，并且认知要素在其中具有中介效应。除统计特征外，性格特征对创业意愿的影响和作用机制更加独特。葛宝山和王侃（2010）以167个网店个体为对象，研究了个人特质和个人网络对创业意愿的具体作用，结果表明，如果个体具有较强创新特质和成就动机，其创业意愿就越明显；类似地，卡斯路德和布兰巴克（Carsrud and Brannback，2011）也指出成就需要动机对创业意愿发挥重要促进作用。不仅如此，个人具有的风险承担、先动性、控制力对创业意愿的影响作用同样引起诸多学者重视，尤其内控力强的人，喜欢掌握自己的生活和未来，按照个人意愿行事，实现个人目标（Krueger et al.，2000；刘常勇和谢如梅，2017）。

（3）基于认知因素的创业意愿影响机制。计划行为理论模型（Ajzen，1991）和创业事件模型（Shapero and Sokol，1982）集中反映了认知因素对创业意愿的影响机制。具体而言，在计划行为理论模型中，态度、主观规范和感知行为控制是三个独立概念均对创业意愿产生影响，方差解释力度在60%以上（Ajzen，1991），而且前置因素对创业意愿类型也具有很好的解释力度，比如，预测高收益型和高成长型创业企业类型等（苗莉和何良兴，2016）。在创业事件模型中，感知期望、感知可行性和行为倾向均对创业意愿具有解释作用。其中，感知期望表示创业对个人的吸引力，它受具体期望影响进而对创业意愿发挥作用，表现出一种中介效应；感知可行性指个人对成功实现创业目标所持有的信心，受自我效能影响进而作用于创业意愿，是产生创业意愿的中间变量；行为倾向则表示具体的创业行为倾向，是个人打算创业的意志力，直接作用于创业意愿。

比较两个模型可以发现，感知行为控制、感知可行性均与自我效能有关，态度、主观规范与感知期望相一致；由于个人在创立企业前可能具有较低意愿，因此创业事件模型增加了行为倾向这一变量，但与之相比，计划行为理论模型更具细节和连贯性（Krueger，1993）。如果将二者整合，则可以构建出"创业意愿整合模型"（Schlaegel and Koenig，2014），感知期望、感知可行性对创业意愿具有中介作用。刘万利等（2011）根据中国创业者调查数据，探讨了感知风险和自我效能在创业意愿产生过程中的交互作用，研究发现自我效能对创业意愿具有中介作用，感知风险在调节主效应的同时，还通过自我效能这一中介路径影响创业意愿；丁栋虹和张翔（2016）也进行了类似研究。如果考虑创业活动情感因素，创业自我效能和感知风险是情感对创业意愿产生影响的并列中介（方卓和张秀娥，2016）；在感知风险和调节焦点融合中，段锦云等（2016）采取情境实验和问卷调查方法，考察了创业意愿在积极、消极情境中的产生机制，研究表明，情境特征的不同描述导致个人表现出不同风险感知进而影响创业意愿，而调节焦点可以强化或削弱这一现象。由此可以看出，研究创业意愿产生和行为转化机制，创业情境已成为其题中之义。

除上述两个主要模型外，还存在其他意愿模型解释了创业意愿的影响因素和作用机制。比如，创意实施模型（Bird，1988）指出，创业意愿由创业者在特定情境下通过理性分析产生；创业意愿组织模型表明，个人心理因素、特质因素和认知因素共同作用于创业意愿，并对后续一系列机会开发行为产生重要影响（Shook et al.，2015）；创业自我效能理论强调，创业者自我效能感在新企业创立过程中发挥重要作用，它作用于创业意愿，进而影响新企业创立的可能性。

认知因素对创业意愿的影响机制还体现在认知风格和认知能力上。陈昀（2012）通过构建创业认知研究分析框架：认知图示→自我效能感→创业意愿，系统阐述了认知风格对创业意愿的重要作用。具体而言，个人创业决策必然受到情绪影响，从而产生带有情感色彩的认知，即"热"认知（Krueger and Day，2010）；创业意愿转变为实际创业行动决策也无不受此影响，比如，情境知识、创业诊断等认知能力受情感影响，并作用于创业行为倾向（何良兴等，2017）。因此，"热"认知对创业意愿变化的影响不可忽视。

（4）多因素融合视角下，创业意愿作用和影响机制。探讨不同因素融合对创业意愿的生成机制，主要表现为个人特征、环境要素与认知因素的整合。林南和陈（2010）以计划行为理论为基础开发了创业意愿测量问卷，将文化背景、人力资本和其他人口统计学变量（如年龄、性别、职业经历）考虑在内，并通过跨地区比较，发现主观规范能够积极影响人们对行为和态度的感知，感知行为控制、态度对创业意愿具有积极预测作用。李莉娜等（2011）从组织－个人匹配角度，探索了组织中哪些员工更容易辞职创业，研究发现，员工个人特征与组织工作环境条件不匹配（如高个人创新导向和低创新环境、低科技激励）会导致员工工作满意度降低，从而表现出较高创业意愿；工作满意度与创业意愿之间关系受自我效能调节。胡玲玉等（2014）以社会认知理论为出发点，讨论了市场资源、制度规范对创业意愿的具体作用以及自我效能感的调节作用，通过对 384 个样本数据检验，发现市场资源、制度规范等环境因素越宽松，个人会表现出越强的创业意愿；在整个过程中，创业自我效能会强化制度规范和创业意愿关系、削弱市场资源和创业意愿关系。

2. 创业行为诱因及其产生机制

意愿是行为的最佳预测变量（Bagozzi et al.，1989；Ajzen，1991，2009）。

（1）创业行为诱发机制的研究，首要探索创业意愿与创业行为关系一致性。即多数研究认为创业意愿能很好预测创业行为，甚至创业意愿具有很好中介效应。有关研究在"创业意愿具体内容与创业行为关系"小节已有详细论述；不过，需要明确指出的是，创业意愿到创业行为转变存在时间滞后，整个转变过程还具有很长距离，行为实施存在诸多不确定性，个人更加小心谨慎（Gollwitzer，1990；Gielnik et al.，2014；van Gelderen et al.，2015），以往研究虽然意识到这一问题但并未深入探索。

（2）基于个人特征和客观因素展开的探索。在个人特征因素中，人口统计学变量作为创业行为的诱因表现在诸多方面。比如，先前经验对创业行为具有曲线影响路径；创业行为存在性别差异——男性创业者的创业行为更注重职能经验积累、女性创业者的创业行为更注重取得行业经验；学历、职业背景与创业行为正向相关；年龄与创业行为的关系并不明显等方面（罗瑾琏和杨光华，2015）。

在诱发创业行为的客观因素中，市场化程度不同水平下的个人经验特征，对创业行为速度具有不同影响机制（杨俊等，2014）。吴建祖和李英博（2015）以280名中层管理者为研究对象，发现竞争环境复杂多变时，自我效能对创业行为具有明显推动作用。不过，在制度环境下，不同群体创业行为的产生和作用机制存在不同。吴小立和于伟（2016）从环境特征、个人特质两方面，论述了两者交互关系对农民群体创业行为的重要作用；倪嘉成和李华晶（2017）通过对两万多名科技人员进行分析，发现该群体中的创业认知与创业行为正相关，并且两者关系受宽松制度环境正向调节，因为，宽松的制度环境有助于大量创业知识和信息溢出，有助于识别创业机会、降低资源约束和提高风险承受能力。

（3）围绕认知要素深入探索。在上述客观因素探索中，同时将认知要素考虑在内，意味着创业行为诱因及机制研究已开始关注综合性、深层次的原因。从企业层面而言，叶峥和郑健壮（2014）根据132份企业集群问卷，揭示了企业网络关系嵌入和结构嵌入对创业行为的具体作用机制，其中，集群企业创业认知、机会获取和资源整合发挥中介效应。从个人角度而言，李雯和夏清华（2013）以创业事件模型为分析框架，深化了创业行为产生的深层机制，研究发现个体网络能力调节感知期望和感知可行性的交互作用，对创业行为产生的作用更加明显；范格兰德等（2015）借鉴卢比肯行为阶段模型，验证了自我控制和行为相关的情绪在意愿与行为落差之间的关系，他们通过长期跟踪获取了161个纵向调查数据，结果表明，自我控制能够积极调节创业意愿和创业行为关系，而且可以抵消与未知行为结果有关的恐惧、怀疑和厌恶情绪，从而降低对失败风险的恐惧感。

（4）创业行为具体表现和结果。创业行为具体表现主要从广义创业概念而言。例如，机会识别、团队构建、资源整合、网络组建等对结果变量集群绩效具有重要作用，并且通过创业知识实现；关系资本可以正向调节创业行为与创业知识关系（闫华飞，2014，2015）。此外，通过案例研究方法，探索创业过程中的具体创业行为表现，是对广义创业行为的深化发展。具体而言，他们对创业过程质性分析，识别出机会识别、机会把握和机会发现与创造等关键创业行为的影响因素，构建了基于创业过程的创业行为表现机制（彭伟和符正平，2015）。

3. 创业意愿类型与创业行为关系

尽管诸多研究围绕创业意愿测量及其实证研究取得了一定成果，但有关创业意愿的分类研究还较少，具体如表 2 - 1 所示。

在创业研究对意愿的探索中，博德（Bird，1988）很早就将其具看作一种目标意愿，表示创业者想要实现的目标以及愿意为之投入努力的程度。虽然目标意愿是行为的起点，但不是诱发行为产生的充分条件。以往研究基本假设在于，意愿强度决定了目标实现。如果将这一假设嵌入创业活动，则意味着只要创业意愿足够强烈就能诱发相应行为。然而，如果一个人只有意愿却没有具体作为，其创业行为目标也很难达成。毕竟，实际创业行为在新企业创立过程中具有关键作用（McMullen and Shepherd，2006）。因此，目标行为能否实现还需考虑执行意愿，即成功的创业行动——比如，创立新企业还需要具体的行为计划（Gielnik et al.，2014）。与创业目标意愿存在很大不同，行为计划表示个人对如何实现目标的具体步骤进行思维模拟（Frese，2009）。具体来说，创业目标意愿表示个人想要实现什么目标以及多么强烈实现这一目标（what to achieve）；行为计划表示个人计划如何实现目标（how to achieve），实际上是一种执行意愿。有关二者研究，吉尔尼克等（2014）对乌干达 40 个行政区调研数据进行分析，证实了二者在新企业创立行为中的具体作用，并发现它们对企业创立行为的影响随时间发展逐渐减弱。

虽然现有研究围绕目标意愿、执行意愿和成长意愿做了部分探索，但这些成果关注不同阶段，且较为零散、不系统，甚至存在矛盾之处。首先，目标意愿和执行意愿主要针对企业创立阶段而言，其对创业行为的作用路径或影响机制存在矛盾。比如，亚当和法约尔（2015）在构建创业意愿与行为落差模型时指出，实施意愿在该模型中可能发挥调节作用；范格兰德等（2018）则发现，实施意愿是创业目标意愿影响具体创业行为的中介路径，该路径又被目标意愿调节。

表 2 - 1　创业意愿类型及其与创业行为关系探索性研究

作者	自变量	中介/调节	因变量	研究结论
博德（Bird, 1988）	个人特征环境要素	理性思维、直觉思维；创业意愿	创业行为	个人特征＋环境要素→创业意愿，认知思维中介；认知思维→企业创立、创业意愿中介
埃德尔曼等（Edelman et al., 2010）	创业努力	成立企业、成长意愿	创业期望	创业和成长动机在不同种族存在明显差异；企业创立→自我实现，财务独立和创新，成长意愿中介
斯坦霍姆（Stenholm, 2011）	成长意愿	创新行为	企业成长	成长意愿→企业成长（＋），创新行为对其负向调节
道格拉斯（Douglas, 2013）	创业机会个人特征	—	新创企业导向（独立、成长）	独立意愿、成长意愿是两个独立构念，影响企业成长；风险容忍→独立意愿（－）；自我效能→成长意愿（－），工作愉悦态度→成长意愿（－）
杰劳德尔等（Geraudel et al., 2016）	创新行为	成长意愿	销售收入	企业创新行为→销售收入（＋），成长意愿中介效应
马卓（Mahdjour, 2015）	商业模式设计	—	独立意愿 成长意愿	成长意愿与企业行为决策有关，比如服务标准化、市场选择、成本竞争策略实施等
吉尔尼克等（Gielnik et al., 2014）	目标意愿	积极幻想、行为计划、时间	新企业创立	目标意愿→新企业创立（＋），行为计划正向调节（＋）；行为计划负向调节（－）积极环境→新企业创立
亚当和法约尔（Adam and Fayolle, 2015）	创业目标意愿/承诺	实施意愿	创业行为	实施意愿在整个理论模型中发挥调节作用
范格兰德（van Gelderen et al., 2018）	目标意愿	实施意愿	创业行为	实施意愿具有中介作用，且受目标意愿调节

注："研究结论"列里的"＋"表示正向作用，"－"表示负向作用。

　　成长意愿更多针对企业创立后而言，其对企业成长的作用路径或影响机制也存在矛盾。比如，企业创新行为在整个作用过程中的地位究竟是前因变量，还是中介或调节作用。这不仅与测量方式有关，还与研究者关注的企业成长阶段有关。全球创业观察报告以不同员工数量或雇员变动百分比情况来测量成长意愿，该测量方式恰恰反映了企业成立后的具体情况。成长意愿表示个人对企业规模扩张的合理预期（Gilbert et al.，2006），引导企业向良好绩效方向发展（Bandura，2001），其对创业行为关系的影响集中体现在企业成长阶段。劳和布塞尼茨（Lau and Busenitz，2001）以中国创业者为研究对象，发现在追求企业成长过程中，具有高成就需要和创业承诺的创业者更易实现企业成长。另外，成长意愿对具体创业行为的作用体现在诸多方面，如产品和组织创新、企业销售（Stenholm，2011；Geraudel et al.，2016）、市场应对、竞争战略实施等方面；更重要的是，企业是否具有成长意愿，其在动态调整商业模式以适应内外部环境变化方面不存在明显差异（Mahdjour，2015）。

（四）讨论与评价

　　意愿作为预测行为的最佳变量（Bagozzi et al.，1989；Ajzen，1991，2009），在创业意愿与行为关系探索中，为人们理解创业愿望并做出创业决策的原因提供了可能，为解释创业现象提供了很好视角，比如，创业想法最终如何变为现实。然而，这些探索只是对创业意愿与行为关系的片面理解，忽略了创业意愿与行为关系研究的另一重要分支，不能勾画创业意愿与行为关系研究的全部图景。创业意愿不总是直接引发创业行为，二者之间转化存在很长距离（Gollwitzer，1990），具有时间滞后和诸多不确定性。随着时间推移，新企业涌现并涉及大量计划工作，创业作为计划行为的一类（Bird，1988；Katz and Gartner，1988），在不确定环境下受到诸多挑战，实现创业目标存在很大失败风险。在不确定性的创业环境下，个人对市场需求、产品信息、竞争对手等相关内容无法做出准确预测，甚至预期市场也不事先存在，创业者无法凭借现有资料、信息进行市场预测。凡此种种，增加了个人对创业活动未知结果的担心，降低了实现目标的信心。因此，传统管理理论中的预测思维，难以满足创业活动的不确定性要求。

上述研究中，创业意愿与行为的影响因素、作用机制研究，主要集中在外生要素、个人要素和认知要素层面，尽管意愿模型描述了客观/外生因素通过意愿对行为产生影响，但模型中的前置因素内容仍体现为个人对客观因素的感知。而且，少数研究虽探索了不同意愿类型对创业行为的作用机制，但一些研究结论之间相互矛盾（Stenholm，2011；Geraudel et al.，2016；Adam and Fayolle，2015；van Gelderen et al.，2018）。这意味着类似研究对创业活动情境独特性的考虑存在不足。在创业情境不确定环境下，创业活动的未来结果状态具有不确定性风险，创业失败的损失后果成为个人避免失望的动机，害怕失败带来的可耻、尴尬情绪使他们在创办新企业过程中尽可能地规避失败（Carsrud et al.，2009），最终减少创业行为投入。因此，针对不确定环境，揭示损失认知下，不同创业意愿类型与创业行为投入差异对完善现有研究具有重要理论意义。

二、损失厌恶：不确定条件下行为决策的认知启发式

（一）损失厌恶在前景理论中的重要地位

损失厌恶是前景理论核心内容之一。之所以考虑损失厌恶，不仅因为前景理论与创业活动均适用于相同情境条件——不确定性，还因为损失厌恶在前景理论中具有重要地位。损失厌恶是行为活动中其他认知偏差的基础，如禀赋效应、框架效应和现状偏见等（Thaler，1980；Tversky and Kahneman，1981；Samuelson and Zeckhauser，1988）。损失厌恶具体作用受情境影响（Li et al.，2012；Gal and Rucker，2018；Durante et al.，2019）。比如，环境变化意味着不确定和潜在损失，会使事情更加糟糕（如损失已有资源）。从进化角度看，损失厌恶作为一种适应性认知，可以帮助人们应对诸多挑战（Durante et al.，2019）。

（二）损失厌恶主要内容与研究

损失厌恶（loss aversion）表示人们对损失反应比对同等数量收益反应要更强烈（Kahneman and Tversky，1979；Thaler，2016；卡尼曼，2016）。在实际生活中，个人面对诸多选择既存在损失风险也存在获利可能，他们

必须决定接受风险或拒绝风险。同样，对创业活动而言，投资并创立新企业也存在收益或损失可能性。损失厌恶作为一种强大而保守的力量，导致个人不愿改变现状。在决策中，规避损失动机相对于取得收益动机的强度即为损失厌恶系数（用 λ 表示），实际上，规避损失动机和取得收益动机的强度并不对称。在前景理论中，卡尼曼（Kahneman，2016）曾对损失厌恶系数进行了估计，研究发现这一系数通常在 1.5 ~ 2.5。不过，这一范围只是大致的平均水平，损失厌恶受个人特征影响（Martina，2020），并存在文化差异，一些文化中的个体规避损失能力高于他人，而且随着风险增大该系数也会提高（Bacova and Juskova，2009）。

在管理研究中，损失厌恶启发式被广泛应用到供应链、营销、投资等多个领域。损失厌恶在供应链研究中的有关内容主要涉及订货、库存、供销双方收益和成本分担等问题。在这些研究中，损失厌恶系数取值一般从1 开始（$\lambda \geq 1$），它们通过数理模型推导和算例分析，验证了损失厌恶在产品订货、成本/收益共享中的重要作用。结果表明，零售商损失厌恶行为会导致供应链成本上升、效率下降；随着损失厌恶系数提高，零售方最优订货量逐渐减少且提前支付比例降低（张鹏等，2015；张新和罗新星，2017；文平和庞庆华，2018）。

在营销研究中，对损失厌恶作用的探索集中在消费者行为上。损失厌恶对期望不一致与顾客满意度之间关系的影响具有不对称性（邹德强和赵平，2008），尽管产品具有替代性，但个人偏好相对稳定，只要损失厌恶存在，个人产品选择决策就会受参照点影响（宗计川，2014），有别于预期会导致个人不愿选择替代品，或者接受替代品但不愿为此支付费用。除个人偏好外，产品类别和产品决策模型等因素对消费者感知损益差距也具有重要影响。纽曼和波肯霍尔特（Neumann and Böckenholt，2014）以 33个既有研究为分析对象，采取元分析方法检验损失厌恶在产品选择决策中的调节作用，结果表明损失厌恶在产品选择决策中显著存在，它受产品类别、客户偏好和产品决策模型等因素影响。

在投资决策中，较低水平损失厌恶是处置效应（即出赢保亏）的必要条件（吴晓霖等，2014），邹德强（Zou，2014）以对冲基金经理为研究对象，发现具有损失厌恶的人会降低对冲基金风险；伊瓜尔和圣玛丽亚（Igual and Santamaría，2017）将损失厌恶与其他认知方式整合，构建了行为金融和非理性投资行为模型，解释了非理性投资行为对资产估价的影响；在市场状态依赖下的损失厌恶投资组合模型中，鲁棒投资组合模型更加安全（刘家和等，2018）。

（三）损失厌恶在创业行为中的探索性研究

损失厌恶是一种个人特质，与个人价值观、人际关系和职业身份等因素密切相关（Bacova and Dankova，2011；Martina，2020）。低损失厌恶个体会减少损失神经敏感性，产生与风险承担、冲动行为有关的行为失调（Tom et al.，2007）。一些个体在面对不确定风险时，心理上对损失带来的痛苦更加敏感，从而影响创业行为决策，甚至放弃创业行为。因为，个人将企业创立的前期投入当作参照点，如果后续创业活动未能取得预期回报，前期投入会被建构为损失前景（牛芳等，2012），如果创业失败，也同样会成为损失；此时，由于禀赋效应存在，个人拥有某些资产要比未拥有时估价更高（Thaler，1980），个人表现出损失厌恶特征，从而对创业行为产生重要影响。

针对不确定性行为决策，损失厌恶启发式发挥重要作用（Kahneman and Tversky，1979；Thaler，2016）。由于不确定性有效反映创业决策情境，存在诸多不确定收益和损失风险，因此，将损失厌恶启发式嵌入该情境，是讨论其对创业行为决策的重要议题。樊少华（2007）以损失厌恶系数大小作为损失厌恶程度代理变量，通过仿真决策模型研究发现，损失厌恶对创业行为决策具有反向关系：损失厌恶程度过高，会导致（潜在）创业者错失创业机会；损失厌恶程度较低虽会促进（潜在）创业者行为，但也能增加其亏损成本。因此，个人在创业决策时，可结合他人损失厌恶程度，调整自身创业行为。在企业成长目标行为中，吴炳德等（2017）以社会情感财富理论为基础，基于全国工商联民营企业健康调研数据，发现在损失厌恶决策逻辑下，家族企业更注重短期风险规避和长期风险偏好行为，即长期研发投资实现代际传承与企业成长；非家族企业更注重短期风险偏好和长期风险规避行为，即短期研发实现企业绩效和经理人收益最大化。同样，在组织协同创新中，游静（2016）探索了损失厌恶对创新努力程度的影响及其情境条件，研究发现，损失厌恶与组织创新努力程度成反比，且损失厌恶情绪在协同创新环境中得到强化；随着情绪扩散，创新努力程度不断降低。为解决损失厌恶启发式带来的消极情绪，连奇（Lench et al.，2016）通过情境实验，揭示利用情绪调节策略使情感注意力发生转移，会有助于减少损失厌恶决策。

（四）损失厌恶和可承担损失比较分析

不确定条件下行为决策除损失厌恶外，还存在另一种损失认知逻辑，即可承担损失。对于创业者而言，该认知逻辑对其应对不确定环境发挥有效作用。具体而言，它表示个人在投资决策中能够承担多少损失（Sarasvathy，2001）。根据这一原则，个人可以在自己能承受的损失范围内先行尝试创业或投资，通过不断试验、多次迭代来积累经验和信息，并不断优化自我认知、获取更多手段，最终实现聚合循环，使目标自然涌现；在该过程中，如果损失超出可承受范围便及时停止、及时止损。在这一原则指导下，创业者能以较少资源探索运营方式，避免过度投资（Brettel et al.，2012）。由此可以看出，可承担损失目的在于风险控制，通过少量损失优化对损失的认知。它作为效果推理的关键前置因素（Dew，2009），受个人目前状况及愿意损失多少的主观判断影响（Sarasvathy，2001；Martina，2020），它使得后续行为相互连接构成了实现潜在目标的承诺集合（Lerner et al.，2018）。

损失厌恶是个人损失敏感度大于同等水平收益敏感度的心理倾向，它相对于参照点而言，比如现有资产、预期结果等（Kahneman and Tversky 1979；Abeler et al.，2011）。损失厌恶作为前景理论的基本特征，个人在评估确定性收益前景时，倾向规避风险，在评估可能性损失前景时，倾向采取冒险行为（Kahneman and Tversky，1979；卡尼曼，2016；Thaler，2016）。由于不确定情境下创业决策结果难以有效估计，存在未知风险和潜在损失，个人在评估时将其与现有状况或预期投入相比，损失过高则现有资产被框定为确定收益，进而规避风险，损失较低则可能采取冒险行为以避免损失。

将二者比较可以发现，首先，二者在参照点和认知启发方面具有相同之处。

（1）二者均受个人现有状况影响。可承担损失受个人目前状况和愿意承担多少损失的主观判断影响（Sarasvathy，2001；Martina，2020）；损失厌恶中，个人对财富变化状况产生损失敏感是相对于参照点而言的，包括现有资产、预期结果等（Kahneman and Tversky 1979；Abeler et al.，2011）。

（2）二者都是适应性认知启发式。依据可承担损失原则，个人在能接受损失范围内不断尝试，以丰富利益相关者网络、获取新资源和手段；在整个过程中，个人与利益相关者相互选择、达成一致，不仅分散了风险，还改善了资源状况从而可承受的损失范围提升。依据损失厌恶认知偏差，等值的收益前景和损失前景，后者使人更敏感（Kahneman and Tversky，1979；Thaler，2016）；收益还是损失，基于个人评估前景时的参照点而言，如果个人财富提升或者所处环境状况发生改变，损失厌恶水平会随之提高或降低（Martina，2020；Bacova and Juskova，2009）。因此，二者水平随环境与行为交互不断变化，实现外部环境与内在认知的协调配合、不断演进，从进化视角看是一种适应性认知偏差（Martina，2020；Durante et al.，2019）。

其次，二者有关潜在损失、风险和适用群体存在差异。

（1）损失态度。在损失厌恶中，个人将预期结果与参照点相比，损失过高则倾向风险规避以降低损失，损失较低则倾向冒险来偿回损失，这更多表现出个人对损失的敏感性，目的在于使损失不发生；可承担损失强调在个人能承受损失范围内进行尝试，获取更多信息、资源有效控制未来。

（2）风险态度。根据前景理论，面对确切收益和可能收益时，即使收益水平等值，个人也会因损失厌恶倾向选择确切收益、避免风险收益；在效果推理中，基于可承担损失认知思维，通过行动、迭代来积累经验和信息，使未知情况决策转变为可知情况决策，预估未来结果发生概率，使风险降低。

（3）适用群体。就可承担损失而言，其主要存在于创业者，尤其专家型创业者群体中（Sarasvathy，2008）；就损失厌恶而言，只要在不确定条件下，任何行动者都会面对难以有效估计的潜在损失，相较于既有财产而言，人们会担忧未知损失。表2-2概括了二者的比较分析结果。

表 2 - 2　　　　　　　　　　　损失厌恶和可承担损失比较

异同	损失厌恶	可承担损失
相同点	参照点：考虑目前/现有资产状况	参照点：考虑目前/现有资产状况
	认知特征：适应性。相对稳定，随参照点不同而发生改变	认知特征：适应性。行为与环境交互中，随能力、资产状况变动
不同点	损失态度：对损失敏感，尽可能避免损失	损失态度：承受有限损失，无伤大局
	风险态度：规避风险	风险态度：控制风险
	适用群体：任何行动者	适用群体：以创业者，尤其专家创业者为主

资料来源：本书主要参考文献。

（五）讨论与评价

有关损失厌恶的研究，行为经济学和心理学都通过大量实验进行了证明，并在管理学研究中得到进一步应用和发展。但是，损失厌恶及其有关现象较新，仍存在一些质疑（Abdellaoui et al.，2007）。比如，实际决策情境要比实验情境更加复杂，现实生活中许多投资决策的结果范围很大且不确定；虽然前景理论指出，面对确定收益人们倾向规避风险、面对风险结果人们倾向偏好风险，但冒险行为与逆境关系并非如此简单，组织中的许多重要创新往往不是来自困境（March and Shapira，1987）。因此，有关损失厌恶尚存在许多值得探索的空间。

在管理研究中，诸多研究从有形财富出发考虑损失厌恶，但忽略了个人对其投入的主观感受。当个体对结果感受做出判断时，通常会在头脑中构建一个类似情境进行比较（Mcgraw et al.，2010），与收益情境相比，人们更担心损失（Thaler，2016）。对此，个人决策并非严格遵循预期效用最大化原则。因为，人们计算能力有限，对世界知识掌握具有内在局限性，尤其在面对不确定环境时更为明显。创业活动存在诸多不确定性，具有创业意愿的个人是否决定创立企业，实质是个人面对不确定性的行为决策。在该情形下，机会与风险并存，（潜在）创业者通过构建类似结果场景，以比较创立企业所做投入能否顺利实现预期回报，与放弃现有状况相比，损失厌恶情绪更容易滋生（Morgan and Sisak，2016）。此时，不确定环境下的高时间压力、高复杂性使个人心理设施的认知能力更易达到极限

（Busenitz and Barney，1997；周雪光，2003），（潜在）创业者更容易走认知捷径，忽略有关信息，表现出更高水平决策偏差。不过，目前认知偏差对创业行为作用的研究集中在广泛层面，对某一具体创业行为的探索缺乏针对性。

不确定性有效反映创业决策情境，在该情境下决策不同于风险情境决策，它涉及未知收益和未知风险。面对未知收益前景，个人倾向风险规避行为；面对未知风险带来的潜在损失，个人倾向风险寻求，通过冒险行为偿回或使潜在损失不发生。总的来说，人类厌恶损失（Kahneman and Tversky，1979），可承受损失虽能帮助个人积累经验、信息，将未知情况决策转变为可知情况决策（Sarasvathy，2001，2008；Dew，2009；Lerner et al.，2018；施莱辛格等，2017），但这主要针对创业者而言，尤其是专家创业者；对于潜在创业者，他们在不确定条件下的行为决策，因其创业经验、信息不足，从而导致其损失认知与创业者相比存在不同，由于创业失败率很高，他们更担忧损失（Thaler，2016）。因此，损失厌恶作为不确定条件下行为决策的认知偏差（Kahneman and Tversky，1979；Thaler，2016；卡尼曼，2016）对评价创业前景、刺激创业行为具有重要作用（牛芳等，2012）。因此，创业意愿与行为投入差异机制探索将损失厌恶考虑在内具有重要意义。

三、不确定性相关研究述评

（一）不确定性概念界定

不确定性与风险不同。不确定性表示决策产生的结果未知且所有结果概率未知，由于结果和概率未知，人们无法对其进行概率描述和测算。不确定性源于人们掌握的知识具有不完全性，该情境本质在于采取行动所依赖的信息不完全未知但也不完备，关键问题在于弄清哪些信息和知识不完备。这不仅依赖于个人既有知识，还依赖于独特认知能力。风险表示决策产生的结果已知且每种结果概率已知，所有可能结果的概率之和为1，它是一种概率型不确定，人们可以通过统计分析工具或以往经验来计算事件发生的概率。

以往有关不确定性的界定主要单独关注客观方面或主观方面。就客观方面而言，不确定性界定主要表示环境信息不完备导致结果无法预测（Duncan，1972），主要涉及信息少、反馈长、因果关系不确定这三方面要素（Lawrence and Lorsch，1967）。就主观方面而言，不确定性侧重于感知层面，反映了人们对不确定事物的把握度、自信度等（张玉利和何良兴，2017）。

随着不确定性研究不断深入，其客观层面和主观层面相融合的趋势逐渐显现。基于该视角的不确定性界定较早涉及影响、状态和反应三个方面（Milliken，1987）。其中，影响不确定性表示不能预测未来环境状态的影响或环境变化对组织的影响；反应不确定性意味着知识不足或不能预测反应决策带来的潜在后果；状态不确定性又称感知环境不确定性，与客观世界不可预测直接相关，比如，难以完全了解环境要素如何变化及其相互关系，竞争对手未来行为难以预测，无法对未来事件可能性分配概率等。在此基础上，麦克伦和谢佛德（2006）从感知不确定和不确定承担意愿两方面，论述了创业行为如何产生，二人将创业者第三人称机会和第一人称机会整合，构建了"感知不确定性－创业行为动机"概念模型。在该模型中，第三人称机会本质源于外部环境信息可得性诱发的客观不确定性，第一人称机会则源于个人基于相关知识、资源对创业机会的把握和理解。在社会转型背景下，VUCA 模型（Bennett and Lemoine，2014）从更广泛视角描述了不确定性特征，即尽管缺少外部信息，但事件基本因果和影响可知，比如，竞争对手开发新产品成功与否会导致企业和市场环境不明朗。在该特征下，个人或组织可以根据环境变化做出变革，但不一定成功。

综上所述，可以认为不确定性比风险范畴更加广泛。它是指由于外部信息缺乏导致人们对事物认知有限，难以根据已有知识或经验规律对未来结果做出准确计算；也可以解释为在复杂动荡、随机变化的外部环境下，人们元认知不足导致对结果把握不足。由此，可以判定不确定性是一个多维构念，它既包含环境要素动态性、复杂性，又包含个人对客观环境感知不确定性。不确定性客观层面和主观层面的融合，反映了由决策信息缺乏向主动接受、适应不确定性常态的转变，其本质是个人与环境的交互协调关系，即大脑对客观环境信息的主观映射（Downey and Slocum，1975），各种外生因素对这一映射产生影响，最终导致不确定性问题产生。

（二）不确定性分类与测量

根据不确定性内涵界定，不确定性测量也主要围绕客观或主观两方面进行。

第一，基于客观环境要素的不确定性测量，主要涉及环境动态性、复杂性、丰富度等方面。具体地，资源丰富度最早被用来表征环境不确定性（March and Simon，1958），但汤普森（Thompson，1967）并未以资源情况入手，而是根据环境要素同质、稳定与否，构建了一个四分象限环境模型以描述环境不确定性。邓肯（Duncan，1972）则进一步抽象出一般维度，以动态－静态、简单－复杂两个维度构建了环境不确定性模型，具体分为简单－静态、简单－动态、复杂－静态、复杂－动态四种环境结构。该模型将感知不确定性考虑进来，实现了不确定性分类、测量的主观和客观融合。戴斯和比尔德（Dess and Beard，1984）受组织生态学、资源依赖理论启发，将动态性、复杂性和充裕度整合以表征环境不确定性：首先，如果环境中各种要素复杂——要素越分散、越不同质，环境不确定性就越高；其次，如果环境越动态，就越难对环境做出准确预测；最后，如果环境中可依赖资源较少，个人或组织面对的不确定性就越高。该测量模型将环境难以预测这一属性考虑在内，体现了对不确定性的深刻理解，类似分类与测量在米乐和弗利森（Miller and Friesen，1982）、汪丽等（2012）研究中也同样存在。

虽然上述研究概括出环境不确定性的一般维度，但个人或组织围绕这些维度所做的主观评价存在很大偏差，不可能完全，甚至会有偏地反映不确定性客观形式。为此，战略管理有关研究对客观指标的量化操作进行了发展和完善。托西等（Tosi et al.，1973）从企业技术、收入、销售三个方面对劳伦斯和洛尔施（Lawrence and Lorsch，1967）设计的不确定性量表进行检验，发现企业技术、销售动态性变化显著；李娟等（Li et al.，2008）在考察中国企业管理联结在不确定环境下的作用时，将不确定性量化为结构不确定性和市场竞争程度，其中，结构不确定性由产品输出、销售和利润标准差的几何平方根计算获得，市场竞争程度由行业内每个企业市场份额平方和算术平均数而得；欧利阿尼和索伯拉（Oriani and Sobrero，2010）则将不确定性细分为市场不确定性和技术不确定性，市场不确定性用企业年度出口水平测量、技术不确定性用企业专利引用变动情况测量。马丁等（Martin et al., 2015）以资产回报率标准差、股价和每股盈余测量不确定性，探索了不确定性对企业绩效的影响。综合上述研究，可以看出诸多具体内容从微观或中观层面对不确定进行分类测量，但对宏观层面要素的考虑相对不足。政策或制度不确定性测量则恰好弥补了这一不足：诸多学者借鉴贝克等（Baker et al., 2013, 2016）对经济政策不确定性的测量方法，探讨了经济政策不确定性对企业投资决策的重要影响（李凤羽和史永东, 2016）。

　　第二，基于主观评价的不确定性测量，主要从感知不确定性入手。实际上，在环境不确定性测量中，就已涉及有关感知不确定性的内容：考察个人或组织对环境不确性的主观评价。比如，环境正在发生什么，会造成什么影响，如何应对等内容进行评价。为更具体测量有关内容，爱尔兰（Ireland, 1987）以供应商、竞争者、顾客、资本市场、政府行为以及劳工组织行为6个方面的25个条目测度了不同管理层级对不确定性的感知水平；文东华等（2009）将技术、替代品、潜在进入者等要素考虑在内，从上述几方面衡量了组织对环境复杂度、动态性的感受程度，并指出不确定性可以增强企业对管理控制系统进行探索的功能。

　　从复杂度、动态性角度进行主观评价，还不能完全表征感知不确定性。这是因为，如果一个组织认为环境要素对其生存不重要，那么它就不会对环境要素进行扫描、感知（Sawyerr, 1993）。因此，除环境要素复杂性、变革程度外，资源重要程度也应当考虑在内（Sawyerr, 1993）。佐拉等（Zahra et al., 2002）在探索战略不确定性对新创企业绩效影响时，也采取了这一测量方式表征感知不确定性；其对不确定性的评价主要涉及竞争者、顾客、技术、政策、经济和社会文化因素。感知不确定性测量不仅要体现个人对外部环境等宏观要素的感知，还要考虑个人自我感受。比较有代表性的自我感受研究是西杜和查斯（Sidhu and Deletraz, 2015）开发的舒适区量表，该量表用来测量个人对工作、生活不确定性的适应能力。其研究结果指出，对一般人而言，他们在舒适区内会通过一系列行为达到稳定的绩效水平，避免承受不确定性风险；对创业者而言，他们愿意增加对职业生涯中不确定性的容忍度，即突破原有舒适区，接受新的不确定性。

（三）创业情境下的不确定性研究

互联网普及推动了创业门槛大大降低，促使社会转型加速。在该背景下，将预测逻辑应对不确定性应用到创业活动中显现出很大不足。因此，创业情境下的不确定性研究对此探索出一些新内容，并提出了应对不确定性的新行动逻辑，是对以往传统管理思维的很好补充和发展。

1. 创业情境不确定性来源与属性

创业活动以资源约束、高不确定性为主要特征，创业过程中不断涌现的新信息、新数据难以获得且尚未确定。在信息基础理论中，有限理性个体难以获取和理解相关信息成为导致企业环境不确定性的重要原因（Barnard，1938）。在复杂的市场环境中，市场参与者无法完全掌握所有信息，而且个体认知有限，对信息获取、解读存在很大差异，从而导致个体发现、识别创业机会存在不均衡现象。对于创业者而言，创业活动就是将这些不对称、异质化的信息透明化，实现市场机会由不均衡到均衡的转变。在转变过程中，创业情境不确定性是由于创业者掌握的知识、信息不完备，从而无法预测结果状态（Shane and Venkataraman，2000）。具体而言，创业机会虽然存在于环境之中，但是机会识别是个人化的主观认知，创业机会变现既需要创业者建立运作和产出机制，又需要创业者进行主观判断；作为一种个人行为，创业者掌握的信息丰富程度以及主观认知能力不同，都会导致其面对的不确定性存在不同（Sarasvathy，2007）。

创业情境不确定性不仅与创业者信息掌握程度、认知能力有关，还与其资源控制力有关。资源依赖理论强调，外部环境为个体或组织提供必要资源，为实现生存和发展，个人或组织就需要不断从外界获取所需资源，与环境进行互动。在与外部环境互动过程中，如果创业者对关键资源（如技术、知识、核心团队）掌握不足（李大元，2010）就会导致创业活动不确定性。相反，如果创业者对所需关键资源具有很好控制力，他们就可以凭借这些关键资源构建核心竞争优势，降低对环境不确定性的主观感知，最终使战略、行为结果更加可控和预测。

信息不足和资源控制力缺乏导致的不确定性，都要通过创业者的主观决策加以实现。创业者主观能动性使创业情境不确定性更加活跃，因为，创业行为是诱发创业情境不确定性的根本原因（McMullen and Shepherd，

2006）。首先，创业者无法准确预测即将面对的创业环境和行为结果。比如，竞争对手采取怎样的营销策略、新产品开发成功与否、融资情况如何等因素都会导致创业者面对的市场环境发生变化；而且，由于市场环境要素动态性、复杂性，创业者难以及时监控和扫描外部环境信息。其次，创业者与外部环境互动的同时也在塑造着环境。创业者任何行动都会改变其所处环境（Weick，1979）：届时行为对外部环境产生影响，使不同要素迭代，从而导致未来环境产生新变化，其不可预测性进一步增强。最后，创业者与环境互动属于往来式互动，即创业者在塑造环境的同时（如开发新产品、新服务，创立新企业等），环境动态性也会诱发创业者特征与行为发生改变（Aldrich，1999）。这种往来式互动变化多样性、不可捉摸，大大提高了创业情境不确定性。基于此，许多研究已注意到创业行为与决策发生在不确定性条件下（Alvarez and Busenitz，2001；Loasby，2002）。实际上，这反映出创业情境不确定性的内生属性。

与组织情境不确定性相比，创业情境不确定性存在很大不同。在组织情境下，不确定性主要由于信息不足、环境复杂动荡等原因导致的不可准确预测（Lawrence and Lorsch，1967；Duncan，1972），是一种外生不确定性。对于这种状态，管理者的主要任务是通过制订计划、预测和战略来增强不确定性应对能力（Child，1972）。与组织情境不确定性的客观、外生属性不同，创业情境不确定性不仅具有外生属性，还具有明显的内生特征。首先，外生属性表示创业环境信息不完备、不均衡，比如一些人能及时识别创业机会而另一些人则不能，这是促进创业行为产生的重要原因。其次，内生属性则意味着创业者对外部环境信息、资源控制的感知存在很大差异，且创业者与环境往来互动使创业结果状态更加难以预测。创业情境感知不确定性和客观不确定性的组合代表了真实的不确定性状态。

2. 创业情境不确定性的探索性研究

创业活动以资源约束、高不确定性为主要特征，有关信息、数据难以获得且尚未确定。尽管已有研究对此认同，但很少有研究将不确定性特征嵌入研究模型进行验证。因此，如何对创业活动不确定性进行分类、测量就成为首要问题。毕竟，只有对研究对象的嵌入情境进行明确界定，理论逻辑才具有价值和指导性（Whetten，2009）。对创业情境不确定性的探索性研究主要围绕不确定性来源和特性展开。

首先，围绕外生不确定性展开的研究集中在战略管理领域，具体表现为不确定性测度及其对组织活动的影响。环境不确定性测度的一般性指标涉及动态性、复杂性、丰富性和敌对性等方面（Dess and Beard，1984；彭学兵等，2017；胡海青等，2017），更具体的则表现为政策、行业不确定性。比如，技术、产品市场波动和监管政策（Krishnan et al.，2016）等。不仅如此，组织利益相关者的行为不确定性，组织绩效不确定性（如资产收益率、股票价格、每股盈余等）也都成为创业活动中表征不确定性的重要内容（Martin et al.，2015）。此外，一些学者根据信息可获得性，将创业机会分为机会识别、机会发现和机会创造（Sarasvathy，2003），这为外生不确定性研究提供了新方向。基于上述研究，可以发现，诸多学者虽试图将外生不确定性嵌入创业情境，但研究对象主要以成熟、高成长潜力企业为主，忽略了新创企业内生不确定性以及它们的不确定性应对能力。

其次，围绕内生不确定性展开的研究，主要表现为创业行为与决策诱发的不确定性。行为固有不确定性本质，创业者表现出的行为在时间维度下变化多样且未来结果不可知，因此，新创业行为——比如，开发新产品、提供新服务、创立新企业等——会进一步强化不确定性。然而，不确定性是否会阻碍创业行为产生，学者们对此存在很大分歧（McMullen and Shepherd，2006），具体有以下几个方面。

（1）以感知不确定性为视角的解释。感知不确定性体现了个人对外部环境信息的把握和理解程度，创业行为差异取决于个体掌握的知识不同（Gaglio and Katz，2001）。因此，不确定性数量是潜在创业者和创业行为之间的障碍。

（2）以承受不确定性意愿为视角的解释。与未产生创业行为的个体相比，产生创业行为的个体在动机、态度和风险承担方面存在差异（Douglas and Shepherd，2000）。在这一视角下，不具备承担不确定性的意愿，则成为妨碍潜在创业者表现出实际创业行为的重要因素。如果个体最终成为创业者且其行为涉及信息、动机等因素（Higgins and Kruglanski，2000），那么，上述视角则代表了创业行为决策中不确定性经历的不同方面。行为作为许多创业理论的核心问题，既包含信息要素，也包含动机要素。鉴于此，麦克伦和谢佛德（2006）将信息和动机要素整合，构建了创业行为产生的过程模型。该模型指出，创业行为是承担感知不确定意愿的结果，在创业行为第一阶段，个人注重评价第三人称机会（third-person opportunity），即对外部创业机会信息做出评估；在创业行为第二阶段，个人注重评价第一人称机会（first-person opportunity），实际上体现了个人对相关信息的把握和理解。该模型在揭示创业行为产生过程中，将外部信息和主观评价整合，为深化创业情境不确定性研究提供了重要启发和理论意义。

3. 创业情境不确定性应对

无论是战略管理、创业活动，还是其他管理活动，组织或个体都要面对不确定性带来的挑战。目前，针对不确定性应对主要存在三种逻辑思维方式。首先，传统管理理论中的预测思维。它强调系统搜集信息、分析和制订计划并增强计划柔性，如滚动计划法等。其次，资源基础理论中的核心竞争优势思维。它强调获取稀缺、不可替代、难以模仿和有价值的关键资源以提升核心竞争力，从而有效应对不确定的组织环境，是一种"以不变应万变"的思维方式。最后，效果或精益导向的快速迭代思维。它强调及时制订可行计划，在计划执行过程中不断反馈、完善，为最终实现目标积累经验，是一种试验性、创新性、试错性的探索机制。创业情境下的不确定性具有内生属性，如果将传统组织活动中的不确定性应对措施机械嵌入创业情境，难以取得实质性进展。因为传统组织管理活动中的不确定性强调外部环境动态复杂，组织可以凭借预测思维、核心竞争优势来降低不确定性风险；然而，由于创业活动不确定性的内生属性，未来结果状态如何无法预知，这就要求在预测思维之外尝试新思维方式、新行动逻辑，即创造性思维。

创造性思维逻辑与萨拉斯瓦西（2001，2008）教授提出的效果逻辑本质一致，它强调创业者在可接受范围内，通过实验和惯性学习来搜集信息，进而估计未来事情发生的概率分布，最终做出有效决策，该思维逻辑是对效果理论的详细解读和深化发展。第一，它强调清楚认识自己。创业要了解自己处境，清点关键资源，并利用手头资源快速行动。第二，它强调评估可承受损失。创业者虽有风险承担意愿但他们不是冒险家，通过可衡量行动可以帮助创业者降低失败成本，将风险控制在最低水平。第三，它强调开始行动。创业情境不确定性意味着创业过程总会充满意外、问题和障碍。对此，创业者需要通过行动和学习，主动拥抱障碍，将不确定性风险转化为优势。第四，它强调建立联盟或吸引合作伙伴。在不确定性应对过程中，吸引那些具有相同价值观、相同承诺的人，充分利用利益相关者获得更多行动资源，共创价值、分散风险。概括来说，创业者有效应对不确定性的关键在于建立一种应对机制：行动→学习→构建（施莱辛格等，2017）。

创造性思维的核心在于行动，创造性行动被视为预测思维的一个备选或至少是一个补充方案。这是因为，创造性行动在特定情境下更符合逻辑，即使在可预测情境下也是如此（施莱辛格等，2017）。在本书中，针对创业情境不确定性的独特属性，整合客观环境不确定性和感知不确定性，探索其对创业意愿和行为驱动机制的影响，可借助上述控制技术或行动逻辑降低个人感知不确定性，培养不确定环境下的决策意识。这一内容既是对传统管理理论的补充、也更符合并有利于应对未来不可预测的风险。创造性行动思维与预测思维并非相互代替，而是一种互补关系，二者在不同情境下发挥不同作用（施莱辛格等，2017）。在实际生活中，多数情境处于可知与不可知之间，因此，需要创业者用一种连续的眼光观察未来，让自己尽可能有意识地应用创造性思维来应对不确定风险。

（四）讨论与评价

不确定性与风险不同。在风险情境下，个人或组织可以根据结果发生概率，通过决策分析工具最终确定究竟采取哪一决策，以便顺利实现目标。然而，在不确定条件下，由于外部信息缺乏或对外部信息把握、理解不足，人们无法准确预测未来结果状态如何。因此，风险情境下的决策逻辑，难以满足不确定环境提出的新要求。有鉴于此，诸多学者从客观环境或主观感知方面尝试对不确定性进行分类和测量，如环境动态性、复杂性（Dess and Beard，1984；Miller and Friesen，1982）、经济政策不确定性（Baker et al.，2013，2016）、感知不确定性等（Zahra et al.，2002；Mc-Mullen and Shepherd，2006）。类似研究对探索不确定环境下的理论逻辑具有重要参考价值和指导意义。

创业是一个社会建构的过程（Aldrich and Martinez，2006），在起步阶段，由于客观信息异质性、不均衡性，一部分人能够识别创业机会并采取创业行为，而另一部分人则不能；在发展阶段，创业行为不仅对创业环境具有塑造作用，而且创业行为在时间维度下变化多样且未来结果不可知，新创业行为（如开发新产品、提供新服务、创立新企业、合作伙伴进入等）会进一步强化不确定性。不确定性加强，意味着个人在着手企业创立时，对行为适宜性和行为结果更加没有把握，他们表现出的犹豫不决、优柔寡断或拖延症等都会阻碍创业行为产生（Frese，2009）。而且，麦凯维等（McKelvie et al.，2011）为不确定性导致创业行为延误的情况提供了新证据，他们证实创业者不愿在不确定条件下采取创业行为。不仅创业者如此，潜在创业者也由于不确定风险存在，无法确定创业能否成功，最终倾向选择放弃创业。这是因为，与近期事件相比，他们对未来事件的信息掌握较少，无法作出准确预测，从而更加惧怕创业失败带来的损失，畏惧失败或害怕失败风险，导致人们在意愿转化为实际行动过程中更加谨慎（van Gelderen et al.，2015）。因此，面对不同程度不确定性，个人创业决策逻辑会表现出很大差异（McMullen and Shepherd，2006），探索在不确定环境下，个人创业意愿与行为投入差异原因机制的具体表现，对深化创业决策逻辑具有重要理论意义。

第三章

理论模型与研究设计

第一节 核 心 概 念

一、创业意愿

创业意愿是预测创业行为产生与否的关键指标（Ajzen，1991），学者们从未来愿望出发，将其界定为创立企业或自我雇佣的意愿，反映个人对创业行为所持的主观态度（Krueger，2000，2009；Liñán and Chen，2010；Lee et al.，2011；Schlaegel and Koenig，2014；莫寰，2009；刘万利等，2011；葛宝山和蒋海燕，2013；方卓和张秀娥，2016；苗莉和何良兴，2016），具体如"想创立企业""想成为创业者"等（Liñán and Chen，2010；Lee et al.，2011）。

意愿存在不同类型，戈尔维策和希兰（Gollwitzer and Sheeran，2006）在行为阶段理论模型中，认为意愿可以从目标意愿和执行意愿两方面考虑。前者涉及"个人想要做"的内容，后者涉及"个人打算如何做"的内容，是个人动机和意志的体现，反映出个人"实现什么目标"和"怎样实现目标"的愿望。具体到创业活动，以企业创立为目标也涉及这两个方面，因此，本书将目标意愿和执行意愿延伸到创业研究领域。创业目标意愿即想实现什么目标以促进企业创立的意愿，它抓住了影响人们行为的动机要素，反映了个人想要实现目标并愿意为之投入努力的程度（Bird，1988；Gielnik et al.，2014）；创业执行意愿即想怎样实现目标的意愿，表示个人思考实现目标所需的一系列操作步骤，包括在什么时间、什么情况下、以什么方式实现创业目标。上述创业意愿类型，不仅有助于弥补现有内容缺乏清晰结构的不足，还有助于为创业意愿与行为关系研究提供新的探索方向。

二、损失厌恶

在创业活动中，面对不确定的潜在收益和损失，人们无法有估计。此时，个人对潜在损失的认知评价，会对其行为决策产生重要影响。毕竟，面对收益与损失，人们更担心后者（Thaler，2016）。不确定环境意味着机遇与风险并存，面对创业活动的未知情况，个人无法基于既有经验、信息做出有效估计，人们对收益和损失表现出的不同动机，对创业行为发挥重要作用（Gable et al.，2000；Frese，2009；McKelvie et al.，2011）。

损失厌恶作为不确定条件下行为决策的认知偏差，表示人们对损失反应比对同等数量收益反应更加强烈（Thaler，2016；卡尼曼，2016）。在评价潜在损失时，个人倾向风险寻求，通过冒险行为偿回或使潜在损失不发生；在评价潜在收益时，个人更倾向采取保守行为，尽可能保证预期收益实现。总体而言，人们对损失会表现出厌恶特征（Kahneman and Tversky，1979），这一认知作为个人决策的重要启发式，对创业者行为选择发挥重要作用（牛芳等，2012）。

三、不确定性

不确定性在表示人们在决策时，难以有效估计所有潜在结果及每个结果概率。这不仅源于客观信息或资源不完备（Duncan，1972），还受个人的信息把握度影响（张玉利和何良兴，2017），比如个人在时间压力、注意力和心理认知设施有限下，既难以全面、客观地考虑所有现有信息，也难以做出结果最大化决策（周雪光，2003）。因此，对不确定概念的探讨，呈现出客观和主观两个方面。

首先，客观不确定性指环境要素信息不足或复杂动荡，导致人们无法有效估计未知结果概率分布及其影响，这反映外部信息状况对人们认知有限性的影响。比如，由于外部信息不完备，人们无法基于既有经验或规律对未知结果做出准确估计（Duncan，1972）。

其次，主观不确定性反映为个人感知不确定性，是客观信息在人头脑中的主观反映（Downey and Slocum，1975）。具体而言，客观环境复杂动态、随机多变导致个人对信息的把握度、自信度不足（张玉利和何良兴，2017）。无论信息是否充分，个人注意力有限导致其难以权衡所有客观信息，而且在面对不同目标结果时，会存在利益冲突；最终，人们大脑计算能力有限，很难做出最优决策，只能对某些重要的环境要素做出感知。

四、创业行为投入

创业行为投入首先要明确创业行为。创业行为有多个方面，从机会识别、商业计划、资源组合、组建团队到最终创立企业等（张玉利和杨俊，2003；刘兴国等，2009；Thompson，2009）。综合考虑这些方面会忽略不同创业阶段的研究情境，毕竟，不同阶段的认知风格、行动逻辑和影响因素均存在很大不同（Servantie and Rispal，2018；Futterer et al.，2018）。在理论探索中，只有将研究问题或研究对象所在情境界定清楚，相关理论内容才更具价值和指导性（Whetten，2009）。因此，为更好地厘清不同创业阶段和研究情境，本书将创业行为界定为：个人为促使企业创立所采取的一系列准备行为，有参加创业教育或培训、准备创业计划、搜集信息和分析风险、组建团队、融资、产品或服务开发与销售等（Shirokova et al.，2015；Kautonen et al.，2015；Curtin et al.，2018）。上述行为活动在创业动态跟踪调查（Panel Study of Entrepreneurial Dynamics，PSED）和中国创业动态跟踪调查（Chinese Panel Study of Entrepreneurial Dynamics，CPSED）中均有所使用。

当然，创业行为投入则表示为：为促使企业创立这一目标实现，对有关目标行为所做的投入。这一界定不仅与探索企业创立影响因素的现有研究相一致（Gielnik et al.，2014；李雯和夏清华，2013；倪嘉成和李华晶，2017），还在本质上综合了多种行为，是衡量个人为创立企业而做出的资金、时间、精力等投入承诺（Reynolds and Curtin，2008；van Gelderen et al.，2015）。

第二节　理论模型构建

一、创业意愿和创业行为投入

创业意愿与创业行为差异性逐渐成为创业意愿与行为关系研究中的重要内容（van Gelderen et al.，2018；Adam and Fayolle，2015）。尽管创业意愿是预测创业行为的有效指标（Kautonen et al.，2015；Schlaegel and Koenig，2014），但创业意愿向创业行为转化还存在一定距离。首先，即便个人有很强的创业目标并愿意为之投入，但这主要反映了个人创业动机，并未反映个人实现目标的毅力。其次，即便意愿都非常强烈，但如果没有实际动作，目标行为最终也难实现。因此，思考具体如何实现企业创立这一目标就显得尤为重要。

基于行为阶段理论，个人在将创业目标朝向创业行为过程中：首先，要思考具体达成什么目标、考虑达成该目标存在的利弊，并根据结果期望和可行性做出评价；其次，筹划实现目标行为所需的行动方案，包括具体在什么时间、什么情况下，以什么方式采取行动；最后，产生目标导向行为并使其顺利进行，从而朝着创业目标前进。在达成创业行为目标的整个过程中，个人动机不仅发挥重要作用（个人想实现什么创业愿望），个人意志力也同样重要，因为它关系个人朝创业行为目标前进的意志力、执行力。如果创业愿望、创业想法不能持续有效执行，新企业创立行为最终则会无法落地。基于此，有必要探索不同类型创业意愿对创业目标行为的具体作用，揭示创业意愿与创业行为存在落差的关键路径（见图 3 - 1 中的序号①）。这与第一章中研究问题"第一，创业意愿与行为投入之间存在差异的中间机制是什么"相对应。

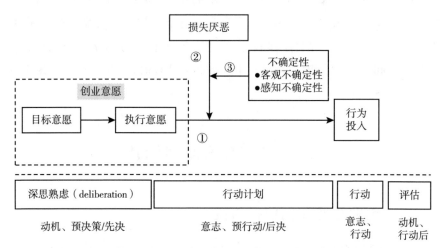

图 3 – 1   不确定环境下，创业意愿与创业行为差异机制研究模型

资料来源：根据行为阶段理论绘制。

二、损失厌恶重要作用

个人一旦产生想要创立企业的动机，并制订计划为之努力，就需要对未知前景进行评价——以现有资产状况或预期投入为参照点，将其与预期回报比较，从而判断创业前景存在收益还是损失。为未知收益相比，现有资产或预期投入易被建构为确切收益，将其与未知损失相比，人们会更加担心后者（Thaler，2016）。而且，在时间压力和复杂决策下，个体注意力、计算能力以及心理设备有限性都会导致认知能力达到极限（Busenitz and Barney，1997；周雪光，2003），难以基于现状对不确定损失做出理性评价。

创业过程存在诸多不确定性要素，比如顾客需求、创业投入、预期回报、市场变动等。针对这些不确定因素，由于目标市场很难定位甚至事先不存在，个人难以凭借现有信息做出有效评价。此外，市场环境变动（如经济、政策、市场、技术等要素）、网络联结广泛导致信息纷繁复杂，人们对信息的把握、信心也发生变化。对此，损失认知启发式对于不确定环境决策发挥重要作用（Luan et al.，2019）。具体而言，损失厌恶作为适应性认知偏差（Martina，2020；Durante et al.，2019），随着个人财富水平或环境要素改变，其水平也随之改变（Martina，2020；Bacova and Juskova，2009），个人面对等值的收益前景和损失前景，对后者更加敏感（Kahneman and Tversky 1979；Thaler，2016）。

创业意愿不仅包含实现某一目标的动机，还包含为实现目标付出努力的行为计划。根据行为阶段模型，它们反映出的审慎心态和实施心态，对行为转化发挥关键作用。在不确定环境下，两种心态诱发的认知评价更加明显。具体而言，人们对不确定性潜在的损失恐惧会自动规避（Gable et al.，2000）、深刻反思（Baumeister et al.，2007），还会转移注意力——关注结果可能性转移到关注后果严重性（Loewenstein et al.，2001）。因此，面对不同程度的不确定性，个人创业决策认知逻辑会存在不同（McMullen and Shepherd，2006）：是通过损失厌恶启发式规避潜在损失、减少痛苦感，还是损失厌恶下通过冒险行为获取潜在回报以弥补可能发生的损失，对揭示创业意愿与行为投入差异性具有重要作用。因此，本书尝试将损失厌恶作为认知启发式，探索其对创业意愿与行为投入差异性的具体影响机制（见图3－1中的序号②）。这与第一章中研究问题"第二，创业意愿与行为投入差异机制，在具体的损失认知逻辑下表现如何？"相对应。

三、不确定环境下创业行为投入背后的损失厌恶作用

创业是一场不确定之旅，既可能存在鲜花和掌声，也可能存在失败和痛苦。对于这些喜悦和痛苦，谁也无法在开始之前做出准确估计，即便有所预期，也只是大概。之所以如此，不仅在于创业要面临复杂变动的市场环境以及难以把握的繁杂信息，还在于行动者试错、探索过程导致不确定性具有一定程度的内生性。具体而言，创业是一个社会建构的过程（Aldrich and Martinez，2006），任何创业行为都会改变所处环境，创业者在塑造环境的同时（如开发新产品、服务，创立新企业等），环境变动也会诱发其特征、行为发生改变（Aldrich，1999）。这种往来式互动变化多样、难以捉摸，创业者对外部环境信息、资源控制感知存在差异，会进一步加剧创业环境不确定性和人们对创业活动的感知不确定性。因此，在创

业过程中，行动者面对不确定环境很难预估存在哪些结果，加之不确定性因试错、探索过程的影响而具有内生性，行动者对创业结果概率就更加难以估算。尽管创业成功会带来高额创业租金，但高不确定性环境让个人很难估计预期收益概率以及什么时候获利，最终，对潜在损失风险的担忧会影响意愿向行为转变（Hsu et al.，2017）。

基于高不确定性，个人理性受环境结构和心理认知两个条件约束，有限理性会更加明显（Luan et al.，2019）。此时，个人创业行为决策是外部刺激和内在认知相互协调、不断演进的过程，具体如图 3 – 2 所示。

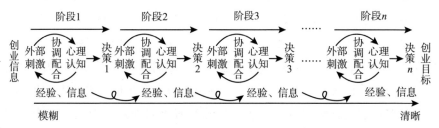

图 3 – 2　不确定环境下创业决策过程

在整个过程中，不确定条件下的认知启发式，对促进行为决策具有重要作用（Luan et al.，2019）。面对创业活动因探索、尝试而产生的不确定性非线性变化，快速简约认知启发式（Gigerenzer，2004）启动——基于现有资产和未知前景评价潜在损失，并作出相应行为决策。即与未知结果状态相比，现有财产状况或被框定为确切收益，禀赋效应使人厌恶损失，阻碍意愿向具体行为转变（Hsu et al.，2017）；或者在既有财产状况允许范围内，"放手一搏"、冒险行动获取潜在高收益以补偿大概率损失。因此，不确定环境下，创业意愿与行为投入差异原因机制的具体表现如何，有必要解释清楚。该部分内容对应图 3 – 1 中的研究模型③。

综上所述，本书从创业活动不确定环境的客观属性和主观属性两个角度，深入讨论不确定对创业行为产生影响时，不同群体表现出的损失认知差异。这与第一章中研究问题"作为创业意愿与行为投入差异的重要因素，损失厌恶的影响机制在不确定环境下如何表现？"相对应。最终，构建了"不确定环境下，创业意愿与创业行为差异机制研究模型"，具体见图 3 – 1。

第三节　研究设计

一、问卷设计

问卷设计程序虽不存在唯一标准，但也已形成一套比较完善的流程。本书参考主流问卷开发研究（Journal of Applied Psychology，Journal of Management，Journal of Business Venturing，Decision Science 等）并结合辛斯金（Hinskin，1998）"关于调查问卷中条目开发的简明流程"，确定按"变量界定→确定条目内容和形式→条目修订→预测试"的顺序进行问卷设计。

（一）变量概念界定

变量定义决定了条目所适用的范围、层次以及测量边界。只有定义明确、清晰，才能使条目开发和选择的标准易于理解、保持一致。相关变量定义已在本章第一节有了详细论述，此处不再赘述。

（二）确定条目内容和测量尺度

本书对关键变量的测量主要借鉴现有成熟研究提供的测量内容。因此，对于测量条目及其形式无须重新编写，重点将集中在条目内容表述方式上。在条目选择中，考虑了现有成熟研究：第一，相关变量定义内容覆盖范围是否与本书一致；第二，变量测量对象是否与本书一致；第三，其研究问题或内容是否与本书相似；第四，是否经其他成熟研究借鉴、情境化。虽然可供选择的相关测量条目比较充足，但对不符合上述条件的，本书不予考虑。除此外，本书主要借鉴在本领域顶级期刊中使用的测量条目，具体如下。

创业目标意愿主要借鉴了吉尔尼克等（2014）的测量内容。该研究探索"新生创业者目标意愿与新企业创立与否"的内容，其研究对象为有打算创立企业的个体，与本书一致。因此，本书参考其目标意愿测量内容。创业执行意愿主要借鉴了范格兰德等（2018）的测度内容。该研究探索了"具有创业筹备意愿的个体对创业行为的作用机制"，其调查对象为潜在创业者，与本书相似。因此，本书借鉴其执行意愿条目内容。尽管林南和陈（2010）开发的跨文化情境下创业意愿测量内容得到很广泛应用，但其研究主要探索"创业意愿前置因素"，而且创业意愿内容结构缺乏清晰界定，因此不予考虑。

创业行为投入以促使企业创立为立足点，测量受访者为实现这一目标行为，对创业活动所做的时间、金钱和精力投入。从这一角度入手，不仅可以区分创业筹备阶段与企业创立，还与成熟研究关注的企业创立决策相同（李雯和夏清华，2013；倪嘉成和李华晶，2017）。该操作能够从本质上反映出，个人为实现企业创立这一目标所做的承诺和投入。因为，具有远大抱负的创业者可能会付出很多精力进行谋划，而暂时不需要企业取得很大进步（van Gelderen et al.，2018）。

不确定性测量内容从客观、主观感知两方面进行。首先，客观环境不确定性主要测量创业活动面临的行业、经济政策不确定性。考虑行业不确定性是因为，"黑天鹅"事件使国内市场环境遭受很大影响，网络普及带动创业门槛降低使市场竞争更加激烈（张玉利和何良兴，2017），创业活动欲进入的行业具有很大变动性，如技术、产品市场波动等（Krishnan et al.，2016）。由于行业净利润增长率反映了某行业盈亏波动趋势，是判断行业经济运行状况的有效指标，因此，行业不确定性测量可通过行业净利润增长率实现（Luo，2003）。考虑经济政策不确定性很大程度取决于中国当下特有的国情："大众创业、万众创新"倒逼社会转型、经济制度改革；中央到地方政策繁多，地区间政策解读存在很大差异。经济政策不确定性测量借鉴贝克等（2013，2016）使用的方法，[①]该方法不仅包括中国的政策不确定测量，而且得到国内学者使用（李凤羽和史永东，2016）。

其次，感知不确定性测量。感知不确定性测量仅从动态性、复杂性入手（Duncan，1972；张玉利和何良兴，2017），不能完全表征感知不确定性。因为，一些要素虽然复杂但可能被预测，虽然动荡但可能被洞悉变化方向，二者交互能大幅增加个体的环境不确定性知觉（Bluedorn et al.，1994；Zahra et al.，2002）。佐拉等（2002）在探索战略不确定性对新创企业表现时也将二者综合考虑，并从竞争者、顾客、技术、政策、经济和社

---

① 见 http://www.policyuncertainty.com/china_monthly.html。

会文化方面进行评价。鉴于本书关注新企业创立与否的生成机制，需考虑受访者对新创企业环境的感知，所以借鉴佐拉等（2002）测量方法，即感知不确定性＝重要性（变动程度×复杂性）。

损失认知评价，一种是基于预期效用函数做出判断，这是一种相对确定或风险的情况；另一种是基于启发式做出判断，这是一种无法知道结果及其概率分布的情况。创业活动面对高度不确定性，个人很难基于现有经验、信息对未知结果做出估算，同时由于个人不断试错、探索等行为对创业活动产生影响，创业活动面临的不确定性具有内生性、结果概率更难估算。此时，个人对未知收益和潜在损失的认知评价，很难凭借预期效用逻辑做出判断，而启发式逻辑的作用会更加明显（Martina，2020）。因此，在创业行为决策中，本书将以不确定内容为背景对损失厌恶进行测量。

损失厌恶测量严格从其定义出发，即人们的损失反应比对同等数量收益的反应更强烈（Kahneman and Tversky，1979；Thaler，2016；卡尼曼，2016），在本质上反映出个人相对于获取收益动机的损失规避动机。在面对收益前景时，如果个人选择一个小但确切的收益，则表现出高损失厌恶；如果个人选择一个大但存在一无所获风险的收益，则表现出低损失厌恶。在面对损失风险时，如果个人选择继续冒险以避免哪怕很小的损失，则表现出高损失厌恶；如果个人容忍损失并停止冒险，则表现出低损失厌恶。在上述两种情况中，如果受访者的选择高/低于损失厌恶均值一个标准差，则被认为是高/低厌恶者（Bačová and Danková，2011）。

（三）条目修订

条目修订目的在于保证量表内容能够覆盖测量范围，确保量表在内容、表述和用词上不存在模棱两可和不符语言习惯的地方（罗胜强和姜嬿，2014）。为此，要请研究专家和受访对象对问卷内容和结构进行评价。研究专家是那些熟悉创业认知研究的专业人士，受访对象则是本书正式测量中所要调查的样本类型。

首先，请创业研究领域学者对量表内容、结构进行总体评价。先选择5名创业研究专家进行评价，每位专家均从事创业教育或研究10年以上，且参与或承担过多项有关创业研究的国家自然科学基金项目；再选择3名熟悉创业认知研究的博士，平均研究年限4年以上。要求他们：评价问卷逻辑结构是否可以有效甄别受访对象，即"有意愿有行为群体"和"有意愿无行为群体"；评价问卷内容是否遗漏某些条目；对测量条目反映所测内容程度进行打分；评价问卷中关于创业损失认知的情境导入问题，并说明原因。

根据打分结果，所有评价者的信度系数为 0.765，满足大于 0.7 的标准（Nunnally，1978；Nunnally and Bernstein，1994）；单因素方差分析结果显示，单个评价者的信度为 0.062（p<0.05），所有评价者的平均评分信度为 0.754（p<0.05），测量标准具有稳定性、一致性。通过探索性因子分析发现，相应变量下的多数条目均能聚合到所在维度下，而风险规避、感知不确定性的个别条目出现"跨因子载荷"现象。根据这一结果，鉴于测量条目均来自成熟量表，我们判断是内容表述、语言习惯等原因造成的"跨负荷"问题。因此，本书根据反馈建议，对这些条目表述进行了修改（如将"我喜欢生活在边缘"[①] 改为"我喜欢冒险性生活"；在外部环境中，技术/社会文化的变动程度改为"我感觉在外部环境中，技术/社会文化随时间的变动程度"）。

此外，根据其他建议：将筛选信息、基本信息放在问卷最后；在问卷中补充受访者专业背景、所在地、收入水平选项等内容；进一步细分创业行为及其时间差异；建议删除情境，因为情境评价会存在很大偏差，条目内容与情境无关、联系不紧密；建议保留情境，因为创业行为或投资决策基于情境评价会更准确，个体的损失认知评价也与情境密切相关。本书对问卷内容、结构做了补充完善；对创业执行意愿界定和条目内容做了修订；而且，在进一步明确损失认知有关概念的本质特征后，决定保留情境内容，并将相关条目表述与情境紧密联系起来。

其次，根据修改后的量表内容，随机选择 76 名南开大学 MBA 和创业班学员对问卷评价，重点请他们对条目内容有效反映所测变量的程度进行打分。选择这一群体原因在于：多数 MBA 学员在毕业后要面临重新择业问题，由于他们有一定行业经验和资本积累，并经过商业理论知识培训，

---

① 在内容效度评价中，通过探索性因子分析发现：该条目被单独提取出一个因子，同维度内另外 3 个条目共同提取出一个因子，4 个条目并没有聚合在同一因子上。我们认为，这一结果很大程度上与条目表述有关。事实上，将该条目表述修改后，更易理解且符合国内语言习惯，最终探索性因子分析结果也理想。

较易产生创业者；创业班学员对于创业情况比较了解，既存在潜在创业者也存在实际创业者；这些群体与正式测量的样本类型相似。

根据评价结果，对未认真评价（比如，一些题项全部评价为7，个别人评价时间明显低于平均时间）、评价时间非常高的样本数据进行剔除。最终，以32名评价者（男女比例为5∶3）的打分结果进行Q相关系数矩阵分析、主成分分析和单因素方差分析（Hinkin and Tracey，1999），结果表明：Q相关系数矩阵中，不同评价者间的逐项相关系数均显著（p <0.001）；该系数矩阵的主成分分析显示，评分结果聚合成12个因子，与本书关注的变量数量一致；单因素方差分析显示，绝大多数评分者（75%）对每个变量对应条目的评价具有显著差异。总体而言，变量所属条目反映对应变量定义的程度，与其他变量条目反映对应变量定义的程度，可以区分开来。因此，修订后的条目内容在对应构念上的内容效度总体可靠。

（四）预测试

根据内容效度评价和修订条目后的内容，对76名受访者进行预调研，最终对符合样本要求的数据进行分析，结果见表3-1至表3-4。

表3-1　　　　　预测试创业意愿信度和效度检验结果

意愿	条目	因子载荷	平均方差提取量	信度	总体信度
创业目标意愿	我曾打算存钱来创办企业	0.442	0.630	0.867	0.895
	我曾打算制订一些明确的创业计划	1.031			
	我曾打算争取一些顾客	0.917			
	我曾考虑注册企业/取得营业执照	0.834			
	我曾打算先做第一笔买卖	0.646			
创业执行意愿	我曾计划好创业第一步要做什么	0.838	0.702	0.856	
	我曾计划好何时开始创业的第一步	0.992			
	我曾计划好在哪里开始创业的第一步	0.649			

注：个别条目表述在正式调查中有修订，使之更具体、明确，但原意不变。
资料来源：根据主要参考文献条目和SPSS统计输出绘制。

表3-2　　　　　　　预测试创业行为投入信度和效度检验结果

条目	因子载荷	平均方差提取量	信度
为促使企业成立，您对创业活动付出的精力	0.956		
为促使企业成立，您对创业活动投入的时间	0.937	0.853	0.945
为促使企业成立，您对创业活动投入的启动资金	0.876		

注：个别条目表述在正式调查中有修订，使之更具体、明确，但原意不变。
资料来源：根据主要参考文献条目和SPSS统计输出绘制。

表3-3　　　　　　　预测试感知不确定性信度和效度检验结果

维度	条目	因子载荷	平均方差提取量	信度	总体信度
重要程度	竞争者的重要程度	0.779			
	顾客的重要程度	0.821			
	技术的重要程度	0.759	0.571	0.889	
	各级政府部门监管政策的重要程度	0.785			
	经济因素的重要程度	0.709			
	社会文化的重要程度	0.670			
变动程度	竞争者随时间的变动程度	0.725			
	顾客随时间的变动程度	0.610			
	技术随时间的变动程度	0.746			
	各级政府部门监管政策随时间的变动程度	0.628	0.469	0.844	0.944
	经济因素随时间的变动程度	0.705			
	社会文化随时间的变动程度	0.684			
复杂程度	竞争者的复杂程度	0.814			
	顾客的复杂程度	0.820			
	技术的复杂程度	0.775	0.615	0.905	
	各级政府部门监管政策的复杂程度	0.739			
	经济因素的复杂程度	0.801			
	社会文化的复杂程度	0.753			

注：个别条目表述在正式调查中有修订，使之更具体、明确，但原意不变。
资料来源：根据主要参考文献条目和SPSS统计输出绘制。

表 3 - 4　　　　　　　　　　预测试损失厌恶信度和效度检验结果

条目	因子载荷	平均方差提取量	信度
我会选择一个较小但确切的收益/我会继续投资，尽管可能会损失更多*	0.880	0.582	0.654
我会选择一个大的收益，尽管存在一无所获的风险/我会停止投资，以避免更大损失**	0.624		

注：*及**表示分别从收益的2个条目和损失的2个条目中任选1个。
资料来源：根据主要参考文献条目和SPSS统计输出绘制。

本书关注的主要变量：第一，大部分变量信度结果满足大于0.7的标准;[1] 第二，平均方差变量提取量（AVE）均在0.5以上，个别条目因子载荷虽低于0.7但高于0.6,[2] 而且测量条目来自成熟量表，聚合效度可以接受；第三，平均方差变量提取量的平方根大于焦点变量与其他变量相关系数，区别效度结果良好。因此，可以判断量表内容和结构可用来正式测量。最终，我们确定了量表具体结构和内容（见附录B）：第一部分为"基本信息"；第二部分为"创业意愿与行为"评价，通过创业意愿和行为组合，以筛选不同样本群体；第三部分为"感知不确定性"评价，其中客观不确定性内容根据第一部分基本信息确定；第四部分为"损失认知"评价，包含相应情境导入。

二、数据收集

（一）样本框

数据收集由受访对象决定，而受访对象与研究问题有关。本书旨在揭示"不确定环境下，个人损失认识对创业意愿与行为差异性的重要作用"，

---

[1] 尽管损失厌恶信度系数低于0.7，但其结果接近0.7。当条目数量少于6个时，信度系数大于0.6即可满足标准；在探索性研究中，信度系数也可以小于0.7，但应大于0.6。

[2] 目标意愿条目1的因子载荷较低，原因在于初始条目表述可能存在评价参照点不一致，即存钱创办企业是指自己的，还是他人的？为避免这一问题，在正式问卷中将其修订为"我曾打算存钱来创办自己的企业"；变动程度的平均方差提取量接近0.5，各条目因子载荷也都在可接受范围内。

属个体层面研究。在本书中，创业意愿界定范围为"创立一家企业/开办一家公司"的意愿，因此，本书的样本框为"是否具有创立一家企业/开办一家公司意图"的个体，个体工商业者（self-employment）不考虑在内。之所以排除个该群体，是因为：首先，将其考虑在内，会导致方差过大、变异增加；其次，将其考虑在内会没有针对性，所有人都成为研究对象，导致一些群体的独特特征被掩盖；再次，个体工商业者对创业的损失认知，与创业者的损失认知相比，存在很大不同，这与参照点有关（Kahneman and Tversky，1979；Thaler，2016；卡尼曼，2016）；最后，在意愿行为差异性探索中，吉尔尼克等（2014）和范格兰德等（2018）均以潜在创业者为样本，与本书的研究具有相似性。为便于甄别"创业者"与"潜在创业者"这两个群体，本书在问卷中设置了逻辑跳转题项：您目前是否开办了企业/公司？您在过去产生过开办一家企业/公司的意向吗？被调查者要求为18岁以上成年人[1]。

（二）样本覆盖地区与拟收集数量

样本覆盖地区未将全国所有省份考虑在内。因为，覆盖全国耗时长、成本高；不同地区经济发展水平、创业氛围虽有差异，但具有一定规律性。创业越活跃地区，创业者与非创业者方差越大、环境要素越动态复杂，更能符合研究要求。根据 GEM 中国报告披露的"中国私营企业创业活动指数"，年新增私营企业数量能反映一个地区新生创业者活跃度（CPSED，2012）。为描述不同地区潜在创业活动活跃度，本调研以2018～2019年新增私营企业数量为依据，[2] 选出创业活动较活跃地区（见表3-5）。

由表3-5看出，创业活跃度最高地区为东部地区，因此将其考虑在内；地区间比较表明东北地区与西部地区存在差异，因此将东北地区也考虑在内。在东部地区，主要考虑从7个省份进行调查，即北京、天津、山东、江苏、浙江、上海、广东。这7个省份活跃度较高，且均值（10.149）与另外4省均值（4.365）不存在显著差异（t=2.509，p=0.241）。在东

---

[1] CPSED 和 GEM 报告均以18岁以上为界定标准。

[2] 数据源自"国家统计局网站·中国统计年鉴"，2018年和2019年私营企业注册数量均以2017年为基点，http://www.stats.gov.cn/tjsj/ndsj/。

北地区，由于辽宁新增私营企业数量高于黑龙江、吉林，因此从该省份展开调查。

表3-5 中国地区间创业活跃度差异比较

地区（省份）		均值（10万）	T值	P值
东部	北京、天津、上海、江苏、浙江、广东、河北、山东、福建、广西、海南	8.045	2.947	0.060
中部	山西、安徽、江西、河南、湖北、湖南	4.555		
东北	黑龙江、吉林、辽宁	2.173		
西部	内蒙古、重庆、四川、贵州、云南、西藏、陕西、甘肃、青海、宁夏、新疆	1.940		
地区间比较	东部地区 VS. 中部地区		3.610	0.172
	东部地区 VS. 东北地区		1.740	0.332
	东部地区 VS. 西部地区		1.636	0.349
	中部地区 VS. 东北地区		2.825	0.217
	中部地区 VS. 西部地区		2.484	0.244
	东北地区 VS. 西部地区		17.652	0.036

资料来源：根据"国家统计局网站·中国统计年鉴"披露数据，分析后绘制。

调查对具体行业没有限定。首先，潜在创业者没有创立企业，最终行业无法确定；其次，限定行业会导致进入样本的创业者比重很大，更易产生同源偏差；最后，伴随"互联网+"、智能制造、云计算、大数据等新事物，各行业（衣、食、住、行等）活跃度、动态性较之以往都有所提升。[1]

根据样本量至少是研究模型中变量数目的5倍，更保守原则甚至要求10倍（Kotrlik and Higgins，2001）确定样本量，因此本书要求样本量至少为60个。结合预测试问卷回收情况，潜在创业者占样本总数的25%左右。因此，在考虑剔除无效问卷、筛掉创业者群体后，有效样本量至少在240

[1] 创业邦：2020年行业报告，http://www.cyzone.cn/product/show_shop? shop_id=6698。

67

个才有助于分析。

（三）数据收集渠道与抽样方法

数据收集通过问卷调查和二手数据相结合的形式实现。

首先，问卷调查主要通过回溯方式进行。原因在于：（1）尽管有研究采取跟踪调查来解决创业意愿与行为的时间滞后问题，但是，意愿与行为测量间隔越久，越可能存在意外事件使意愿发生改变，最终，更多不可控变量导致远端测量对行为的预测力度降低（Sutton，1998）。（2）考虑本书研究的实际情况，如果长期跟踪，会存在创业意愿聚焦行业发生变动，比如，起初创业意愿聚焦于互联网行业，最终行为却产生在快消行业，这样会导致创业意愿与行为比较的基本面不一致。（3）本书关注对象为潜在创业者，而非已创立企业者，不存在幸存者偏差问题。（4）有研究指出，即便按照时间顺序进行调查，也无法真正消除回溯偏差对结论的影响（Smith et al.，2009），自我报告方式或客观方式测量意愿对结果变量的效用相似，前者效应值为 0.63，后者效应值为 0.67，同质性检验（Homogeneity statistic）结果均显著（Gollwitzer and Sheeran，2006）。另外，根据从事同类研究的专家范格兰德（van Gelderen）的建议，可以使用回溯方法调查那些未创立企业个体的创业意愿，在调查中采取一些保障措施能降低回溯偏差，例如，询问受访者更多细节问题：产生创业意愿的具体时间，创业意愿产生时间的确定程度，创业意愿从产生到现在的稳定程度等；将一些关键变量尽可能客观化，比如创业行为的具体客观内容等。除此以外，在调查中通过增大样本量、提高回复率和保持随机性也有助于降低这一偏差。

在定性或定量研究中，概率抽样和非概率抽样可以混合使用（塔沙克里和特德莱，2015）。为保证回复率和随机性，本书问卷调查通过访谈渠道和网络在线调查相结合的形式加以实现。

（1）访谈渠道。通过访谈渠道进行调查具有便利性，有助于研究者更深入了解受访对象有关信息，针对性更强。鉴于分析对象以潜在创业者为主，因此，对朋友或熟人进行访谈（包括研究同行、同学中创业或潜在创业者、创业培训机构或孵化器负责人等）：一方面，了解他们对创业活动的认知及评价，并要求条件符合者填答问卷；另一方面，要求其介绍一些

"有企业创立意愿、尚未创立企业"的个体来获取调查数据，受访对象覆盖山东、天津、江苏、浙江、广东、辽宁地区。

（2）在线调查。鉴于访谈渠道存在便利性、片面区域和回复偏差等问题，网络在线调查很大程度能解决这些不足。首先，它不受地域限制，能尽可能全面覆盖受访地区；其次，它可限定目标群体范围，如通过性别、年龄、学历、地区分布、工作经历、职业状态和收入状况等限定，便于筛选目标对象；最后，创业活动、创业认知和创业行为决策研究中，采取在线调查方式已被国内外学者接受（王海花等，2019；郑刚等，2018；Zhu and Hsu，2018）。

在线调查采取非比例抽样方法进行随机抽样，其覆盖范围有北京、天津、山东、江苏、浙江、上海、广东、辽宁。非比例抽样指不考虑样本在总体中的占比，从每个次级群体抽取等量的个体；如果总体中有一些少数群体所占比例较少，简单随机抽样就无法保证这些群体得到体现，因此非比例抽样适用这一方法（塔沙克里和特德莱，2015）。在本书中，辽宁、天津地区在所有地区中占比较小，为保证该地区样本能得到有效体现，所以采取非比例抽样——北京、上海、天津、辽宁各分配 25 个有效样本，山东、江苏、浙江、广东各分配 35 个有效样本，通过随机发放筛选出各地区有效样本量。

随机发放通过库润信息技术有限公司进行。该公司自 2006 年成立以来，累计拥有客户近 600 万人次，在覆盖地区中，一线、二线城市比重在 70% 以上；客户群体来自各个行业，男女比例分布比较均衡（前者 52.8%，后者 47.2%），20~50 岁群体比重在 70% 以上；本科和研究生比例在半数以上。可以看出，其客户群体背景能有效满足研究需求。而且，为保证受访者真实性，该调查公司每次调查都会比对校验受访者个人属性，并在支付调查报酬时有严格的信息验证。另外，该调查公司凭借专业化的数据采集和市场调研，与知名咨询机构（艾瑞咨询、埃森哲等）、品牌企业（百度、京东、阿里、中粮、海信等）、研究机构或高校（国家信息中心、清华大学等）建立了良好客户关系。因此，在综合考虑公司实力、业务范围以及客户群体等要素后，我们最终选择该调研公司进行在线问卷调查。

其次，二手数据通过专门统计网站和行业数据库获取。政策不确定数据从经济政策不确定指数数据库获取。① 该数据库由美国西北大学贝克斯科特（Scott Baker）教授，斯坦福大学布鲁姆尼克（Nick Bloom）教授和芝加哥大学戴维斯史蒂文（Steven Davis）教授共同开发，长期致力于跟踪亚太、欧洲、北美和南美洲主要国家（地区）经济政策不确定性，共覆盖24个国家（地区）。数据内容不仅披露了全球范围内经济政策不确定性，还披露了各主要国家（地区）政策不确定指数。其中，中国经济政策不确定性指数时间跨度为 1995 年 1 月至今，其具体指数内容已得到国内学者关注和使用（李凤羽和史永东，2016）。行业不确定指数，则主要从万德（Wind）数据库获取受访对象所处行业②的净利润增长率。首先，根据受访者想进入的行业进行行业识别；其次，根据受访者创业意愿确定时间范围；最后，计算所在时间范围内，各行业净利润增长率均值、政策不确定均值。比如，受访者打算于 2017 年进入餐饮服务业，那么，行业净利润增长率均值、经济政策不确定性均值为 2017 ~ 2019 年三年总和的均值。③

（四）数据收集过程与质量保障

在正式调研之前，本书进行了探测调研。一方面，可以提前了解获取合格样本的比例（25%）；另一方面，经熟人、朋友介绍进行便利调查，以检查问卷逻辑结构合理性和受访者对内容的理解程度，并根据调查反馈进一步修改问卷结构和内容。

第一阶段，2019 年 12 月 7 日至 2020 年 1 月 2 日，拟定调查方案。笔者围绕调查质量、调查周期、覆盖地区和调查费用等事宜比较各调研渠道，并听取专家、同行博士（生）建议，确定数据调查方式。

第二阶段，2020 年 1 月 3 日至 2 月 5 日，正式调研。起初，笔者请业内人士（南开大学和东北财经大学在职 MBA、国科火炬企业孵化器工作人员等）对问卷内容表述逐条进行最后评价，就仍存在理解困难、表述不当的地方，再次简练、清晰；对问卷内容仍然冗长的部分，在保留原意基

---

① 见 http：//www. policyuncertainty. com/index. html。
② 受访者所处行业根据其主要创意或业务内容确定。
③ 未考虑 2020 年，是因为本调查在年初（1 月）进行，当年时间周期很短且相关数据未披露。

础上精简。然后，与天津孵化器协会负责人接触，在总体了解在孵企业或创客情况基础上（如创业准备情况、注册情况、活跃度、受访者等），就调研内容、调查方式和受访对象要求与其详细沟通并解释说明。在调查过程中，笔者一方面委托负责人将问卷发放给有创业想法尚未注册企业的个体，并要求受访者尽可能提供联系方式、未来企业创立打算等信息，以便后期核查和跟踪；另一方面对问卷质量、数量及时跟踪监控，并与负责人随时沟通，以确保样本框和样本量有效。经研究同行、同学/朋友中的创业者或潜在创业者推荐的受访者，对其调查也是同样过程。在该阶段，网络调查同时进行。调查公司根据各投放地区配额要求，通过电脑端、手机端随机选择受访者，一旦受访者响应问卷就被记录在投放量以内，直到所有地区有效配额达到 240 个便结束调查。

　　第三阶段，2020 年 1 月 16 日至 2 月 6 日，数据收集与核查。该阶段与数据调查过程存在交叉。首先，笔者要求访谈渠道数据在规定时间内（2020 年 1 月 20 日之前）填写，从而及时跟踪调查结果并进行核实、筛选和整理。其次，在线调查（1 月 20 日至 2 月 6 日）达到有效配额后，笔者再进行数据整理与筛选。为便于筛选受访者是否认真填答问卷，问卷设置了甄别题项：收益前景和损失前景下的评价均要求 2 选 1。在数据整理与核查过程中：根据甄别题项进行筛选，将受访者没有 2 选 1 或选择不同前景下所有内容的问卷筛除；根据作答时间进行筛选，剔除那些作答时间明显高于或低于"均值 ± 标准差"作答时间的样本数据；通过逻辑判断[1]，剔除那些未认真填写、逻辑有误的样本数据；筛除不在调查覆盖地区的样本数据。整个数据收集过程，虽涉及新冠肺炎疫情时期，但未受明显影响。首先，通过访谈渠道获取调查问卷，在中央政府采取强力防疫措施之前就已结束；其次，为遵守防疫规定，民众自行隔离在家，有更充分的时间完成网络在线调查。

　　最终，通过两个渠道共获取满足条件的样本 293 个。其中，由访谈渠道获取 33 个，占样本总数 11.26%，筛选后得到有效样本 12 个（4.76%）；由网络在线调查获取 260 个，占样本总数 88.74%，筛选后获

---

　　① 例如，年龄 34 岁，企业成立时间为 2000 年。由此推断，受访者创立企业的年龄为 34 -（2019 - 2000）= 15（岁）。这显然不太可能。又如，受访者将问卷中所有题项均选择同一数字。

取240个有效样本（95.24%）。有效样本252个，占符合条件样本（293）的86%，不同渠道获取的样本量及有效样本量具体情况见表3-6。

表3-6 问卷发放与回收情况统计

发放渠道	发放数量		符合条件样本		有效样本	
	数量	比重（%）	数量	比重（%）	数量	比重（%）
访谈渠道发放	103	4.20	33	11.26	12	4.76
在线调查	2350	95.80	260	88.74	240	95.24
合计	2453	100	293	100	252	100

注：访谈调查有效样本量占发放数量的11.65%（12÷103），与在线调查有效样本量占发放数量的比重相近（240÷2350=10.21%），所以仍保留该部分样本。

另外，考虑样本数据通过访谈和在线两种渠道获取，不同方式响应的受访对象基本特征存在差异，如果这些差异在总体上产生系统性变异，会对结果变量产生影响。因此，需要对两组对象的基本特征进行差异性检验，即将两种渠道看作两组，进行独立样本T检验，具体检验结果见表3-7。

表3-7列示的T检验结果显示：在两组数据来源中，除受访对象的教育水平外（t=4.818，p=0.000；F=6.439，p=0.012），其他基本特征的差异并不明显。这意味着结果变量的差异受样本对象基本特征差异的影响较小，可以将两种方式获取的数据整合在同一样本内。虽然教育水平差异可能会对结果变量产生影响，但在后续分析中，我们将其作为控制变量，针对性关注该变量的作用。

表3-7 样本信息基本特征T检验结果

比较项目	均值差异性		方差齐性检验	
	T值	P值	F值	P值
性别	0.646	0.519	4.444	0.036
年龄	-1.306	0.193	0.644	0.423

续表

比较项目	均值差异性		方差齐性检验	
	T 值	P 值	F 值	P 值
教育水平	4.841	0.000	6.599	0.011
管理职位	−1.291	0.198	0.068	0.795
职业年限	−0.926	0.356	8.618	0.004
收入水平	−0.999	0.319	2.020	0.156

三、研究样本

本书尝试探索的问题是"在企业创立之前或新生创业阶段，创业意愿个体的行为投入为何存在差异？"。因此，其研究对象为个体层面的潜在创业者。为将该部分受访者与其他受访者区分开，在数据收集过程中，我们设置了甄别题项："您在过去产生过开办一家企业/公司的意向吗？""您目前是否根据这一创意开办了企业/公司？"。如果受访者分别回答"是"和"否"，则属于本书要关注的样本群体。针对研究样本进行的数据收集过程，在本书第三章第三节"研究设计"中的"数据收集"部分已有详细介绍，本部分不再赘述。需要强调的是，在经过甄别和筛选后，共获取符合条件的受访对象 252 个。

表 3-8 报告了受访对象基本特征。其中，受访者性别分布基本均衡（男性占 50.79%，女性占 49.21%）；年龄分布集中在 26～45 岁（比重为84.92%）；地区分布较均匀，各地区比重主要围绕均值（12.5%）分布；接受过本科教育的对象占多数，比重为 73.02%；半数以上受访者有私营企业工作经历（51.89%），近六成受访者承担管理职位；收入水平主要维持在 5000～10000 元，比例为 57.14%。

表 3-8　　　　　　　　样本信息基本情况统计（N = 252）

项目		数量	比重（%）
性别	男	128	50.79
	女	124	49.21

续表

项目		数量	比重（%）
年龄	18～25 岁	25	9.92
	26～35 岁	151	59.92
	36～45 岁	63	25.00
	46～55 岁	10	3.97
	56～65 岁	3	1.19
省（市）	北京	25	9.92
	天津	26	10.32
	山东	35	13.89
	江苏	35	13.89
	浙江	37	14.68
	上海	25	9.92
	广东	37	14.68
	辽宁	32	12.70
教育水平	本科以下	53	21.03
	本科	184	73.02
	硕士研究生	15	5.95
	博士研究生	0	0.00
职业	政府或事业单位①	15	5.95
	国企员工	26	10.32
	私企员工	131	51.98
	外企员工	37	14.68
	合资企业员工	18	7.14
	自由职业	14	5.56
	离退休/无业人员	2	0.79
	其他职业	9	3.57
管理职位	是	150	59.52
	否	102	40.48
收入水平	5000 元及以下	26	10.32
	5001～10000 元	144	57.14
	10001～15000 元	64	25.40
	15000 元以上	18	7.14

---

① 包含党政机关工作人员、事业单位工作人员、大学或科研机构工作人员、军人或警员。

此外，在问卷调查中，不同测量尺度和方法有助于降低同源方法偏差问题（Podsakoff et al.，2003）。为避免同源方法偏差问题，本章研究借鉴波德萨科夫等（Podsakoff et al.，2003）提出的保障措施：从不同来源获取变量测量指标；采取不同测量尺度对条目进行评价（如 5 点量表、7 点量表）；对相关变量测量使用情境导入，即对损失认知采取相关情境评价；明确抽象条目、避免模糊表述，如将经济因素的重要程度进一步明确为利率、外贸、就业、经济增长等因素，将社会文化因素进一步明确为社会价值观、职业道德、人口发展趋势等因素；保持问卷条目简练、符合语言习惯等。

四、数据分析方法选择

本书主要采用定量分析对研究假设进行检验。首先，由于存在多个自变量，回归分析需要将多个自变量同时纳入回归模型，进行多元线性回归检验。

其次，为验证中介效应、调节效应，本书拟采用 Bootstrap 检验方法。之所以采取该方法，是因为逐步回归法（Baron and Kenny，1986）受到越来越多质疑：比如，该方法只适用检验一个中介变量时的模型；又如，可能存在两条作用强度相同但方向相反的中介路径相互抵消。

最后，回归分析可能存在共线性、异方差、自相关、样本选择偏差等问题，因此要进行样本回归模型稳健性检验。多重共线性指两个或多个自变量之间高度（但不完全）相关，一般采用方差膨胀因子（VIF）这一指标进行检验，如果该指标值在 10 以内，则意味着不存在严重共线性。异方差往往存在截面数据中，指给定自变量误差项的方差不是常数，异方差问题通常采用怀特（White）异方差检验，若存在异方差可通过加权最小二乘法加以修正（陈强，2014）。时间序列数据经常存在自相关问题，它表示连续观测值之间很可能相互依赖或相关，鉴于本书只有一个变量使用了时间序列数据，因此自相关问题不是考虑重点。样本选择偏差是由样本选择的非随机性导致的，比如，所选样本对象不能完全代表研究问题，或遗漏掉部分重要研究对象，或样本对象本身特征导致的系统性偏差等，可以采用赫克曼（Heckman）两步法有效解决样本选择偏差问题（Heckman，

1979）。相关分析借助 SPSS、EVIEWS、STATA 等数据分析软件实现。

五、变量测量

（一）创业目标意愿

创业目标意愿测量借鉴了吉尔尼克等（2014）测量内容。具体有："我曾打算存钱来创办自己的企业""我曾打算制订一些明确的创业计划""我曾打算争取一些顾客""我曾考虑注册企业/取得营业执照""我曾打算先做第一笔买卖"。每个条目均采用李克特（Likert）5 点量表进行评价："1~5"表示从"非常不同意"到"非常同意"。

（二）创业执行意愿

创业执行意愿测量内容参照了范格兰德等（2018）的研究："我曾具体计划好创业第一步要做什么"；"我曾具体计划好何时开始创业的第一步"；"我曾具体计划好在哪里开始创业的第一步"。每个测量条目采用李克特 5 点量表回答："1~5"表示从"非常不同意"到"非常同意"。

（三）创业行为投入

以实现企业创立为目的的有关活动界定创业行为，一方面，可以有效区分创业筹备活动与企业创立；另一方面，能在很大程度上反映出个人的创业投入承诺（van Gelderen et al.，2015）。这些活动涉及创业教育或培训、创业计划、搜集信息和分析预测、组建团队、融资、产品或服务开发与销售等方面，并在《创业动态跟踪调查 II》《中国创业动态跟踪调查》和考托宁等（Kautonen et al.，2015）研究中得到使用。本书以此为基础，增加了部分新内容。因此，创业行为投入测量主要以范格兰德等（2015）使用的内容为衡量尺度，围绕这些活动，对投入时间、精力、金钱的程度进行打分。具体内容为："为促使企业成立，您对这些创业准备活动付出的努力""为促使企业成立，您对这些创业准备活动投入了多少时间""为促使企业成立，您对这些创业准备活动投入了多少启动资金"。每个条目使用 6 点量表进行评价："1~6"表示从"非常少"到"非常多"。

（四）损失厌恶

损失认知评价与情境密切相关（Kahneman and Tversky, 1979；Thaler, 2016；卡尼曼, 2016），特别是在创业或项目投资决策时，个人决策会感知到更多不确定性。因为，在企业创立过程中，外部环境会给人一种具有不确定特征的情境，新企业开发的产品、服务以及市场选择和商业化过程都是模糊、不可预测的（Jiang and Rüling, 2019；Reymen et al., 2015）。诸多不完备信息（Duncan, 1972），加之个人心理设施、注意力等认知能力有限（周雪光, 2003），导致预期效用逻辑决策难以满足要求。在这种情境下，个人通过损失认知启发式或偏差做出决策并与环境互动（Martian, 2019）。因此，本书以萨拉斯瓦西（Sarasvathy）开发的不确定情境为基础，对损失认知内容进行评价，具体情境和评价内容见"附录 B 情境 1"。之所以选择情境 1，原因在于：首先，该情境下获取的受访者评价内容信度系数盖于情境 2；其次，受访者对软件技术行业的损失认知方差较大，会因此带来更多潜在的系统偏差。

损失厌恶测量严格遵从其定义，其概念内容从本质上反映出个人相对于获取收益动机的损失规避动机。因此，在对其测量时，让受访者根据具体情境内容，[①] 从收益前景和损失前景两个方面进行评价。在收益前景下的评价内容有"我会选择一个小的但确切的收益""我会选择一个大的收益，尽管存在一无所获的风险"；在损失前景下的评价内容有"我会继续投资，尽管可能损失更多""我会停止投资，以避免更大损失"（Bačová and Danková, 2011）。每个条目均采用李克特 5 点量表进行评价："1～5"表示从"非常不同意"到"非常同意"。

（五）环境（客观）不确定性

主要考虑行业不确定性和经济政策不确定性两个方面。经济政策不确定性测量使用贝克等（2013, 2016）开发的测量方法，[②] 该方法长期跟踪

---

① 损失认知评价存在两个情境，我们最终选取第一个情境。这是因为，首先，第一个情境内容聚焦于软件技术和相关信息服务行业，受访者对此更敏感，更有助于识别出不同受访者的损失认知差异；其次，在预测试过程中，我们发现受访者在第一个情境下的评价信度优于第二个。

② 见 http://www.policyuncertainty.com/china_monthly.html。

各主要国家（地区）政策不确定指数，得到国内学者关注和使用（李凤羽和史永东，2016）。例如，如果受访者创业意愿和企业创立时间分别为2015年、2017年，经济政策不确定性指数则通过2015～2017年这3年间均值确定；受访者若只有创业意愿但未创立企业，政策不确定指数则为2015～2019年的均值。行业不确定性则通过行业净利润增长率实现（Luo，2003）。具体地，通过万德（Wind）数据库获取受访者所处行业的历年净利润增长率；然后，计算所在时间跨度内，各行业净利润增长率均值。

（六）感知不确定性

决策者在对外部环境感知时，如果察觉到相关环境要素和信息是重要的，则会对其更加注意，着重评价其动态性、复杂性（Bluedorn et al.，1994；Zahra et al.，2002）。因此，感知不确定性除考虑动态性和复杂性（Duncan，1972；张玉利和何良兴，2017），还将重要性考虑在内，从上述三方面表征测量内容。其中，重要性表示环境要素对创业成功或企业存活的重要程度；变动程度表示环境要素构成内容的变化状况；复杂性表示环境要素构成内容的多样化程度。具体测量内容有："我感觉到竞争者、顾客、技术、政策、经济、社会文化在外部环境中的重要程度"；"我感觉到竞争者、顾客、技术、政策、经济、社会文化在外部环境中的变动程度"；"我感觉到竞争者、顾客、技术、政策、经济、社会文化在外部环境中的复杂程度"。每个条目均采用李克特5点量表进行评价："1～5"表示从"非常不同意"到"非常同意"。最终，感知不确定性 = 重要性（变动程度×复杂性）。

（七）控制变量

由于研究内容主要围绕个体创业行为决策展开，不涉及不同国家间宏观因素比较，且人们对国内的社会文化规范认知（如政府规制、社会价值观、信仰等）具有稳定性（胡玲玉等，2014）。因此，本书对于控制变量的选择主要集中在个体层面：（1）性别；（2）年龄，研究表明，在许多国家中，性别是影响企业投资或创立可能性的重要因素（Davidsson and Honig，2003；Fairlie and Robb，2009），而且年龄也具有同样作用——个人接近退休时，其投入必要活动创立新企业的可能性也会降低（Davidsson and Honig，2003）；（3）个人受教育水平；（4）任职年限和管理职位从业年限，作为重要的人力资本，不仅其思维方式产生重要影响，而且对其获取资源支持、风险偏好、创新行为都发挥着重要作用（李新春等，2017；Boling et al.，2016；Musteen et al.，2010）；（5）收入水平，个人收入水平决定其获取创业资源支持的程度，从而对创业行为决策产生影响（Acs and Szerb，2007）；（6）风险意识，个人的风险意识会对其行为选择产生影响，比如风险规避会促使其采取保守行为、不敢采取高风险水平的创业行为决策（Morgan and Sisak，2016）。风险意识的测量方式主要使用伯顿等（Burton et al.，1998）的测量方法。

第四章

创业目标意愿与行为投入差异：
执行意愿的中介作用

在"大众创业、万众创新"的推动下，国内创业活动表现出较高活跃态势，加之互联网和信息技术推动，创业队伍更加壮大起来。尽管创业环境和机会条件较之以往有明显改善，但许多具有创业意愿的个体其创业行为投入并不大。相关统计表明，创业意愿与行为之间存在明显差异[①]。那么，创业意愿与行为投入差异为什么会存在？或更直观的，什么中间路径或环节，导致创业意愿与行为投入存在差异？

以往有关创业意愿与行为关系研究，主要围绕计划行为理论和创业事件模型展开（Schlaegel and Koenig，2014；Liñán and Chen，2010；Krueger et al.，2000；Krueger and Carsrud，1993）。然而，这些研究并没有在整体

[①] GEM（2017，2018）数据表明，创业意愿与企业创立之间落差呈扩大趋势；《中国大学生创业报告2017》披露，尽管较强创业意愿个体占四分之一，但一定创业的个体还不到百分之四。

上形成创业意愿与行为关系的完整图景：首先，它们重在解释和预测创业意愿（Schlaegel and Koenig，2014），对创业意愿向创业行为转化的机制并未深入探索；其次，它们认为"只要创业意愿伴随相应行为，新企业就会创立"（van Gelderen et al.，2018），这一观点的潜在假设存在不足，即强烈创业意愿并不必然引发行为自动产生。

实际上，创业活动面临诸多不确定要素，意愿与行为存在落差，不仅与个人动机有关，更与个人意志力有关。行为阶段理论模型指出，目标朝向行为的不同阶段，个人内心活动表现出不同的心理准则（Gollwitzer，1990，2012；Heckhausen and Gollwitzer，1987）：首先，动机解释了个人选定什么目标的问题（"做什么"），即目标设置；其次，意志力（volition）解释了个人如何有效实现目标的问题（"怎么做"），即目标奋斗。目标奋斗对整个过程调控（Brandstätter et al.，2003），反映了个人如何朝既定目标有效前进的问题（Gollwitzer，2012），将其与目标设置结合，有助于解决意愿与行为存在落差的问题。因此，本部分研究以行为阶段理论模型为基础，探索创业意愿向创业行为转变的中间机制。

本书尝试将创业意愿细分为创业目标意愿、创业执行意愿，构建创业意愿与行为关系的中介模型，探索二者对创业行为的具体作用。具体而言，以252名想要创立企业的受访者为研究对象，通过自助法（Bootstrap）方法检验创业目标意愿对创业行为的直接作用和创业执行意愿的间接效应。研究结果表明，创业目标意愿对创业行为发挥直接作用的同时，创业执行意愿作为其中介路径，中介效应显著存在。因此，创业意愿能否转变为具体行为的关键因素在于个人的执行意愿，这是创业意愿与行为决策存在落差的重要原因。本书将执行意愿从社会心理学领域拓展至创业研究领域，既补充了目标意愿相关研究，又回应了学者呼吁将执行意愿嵌入创业意愿与行为关系研究（van Gelderen，2018）中的号召。研究结论对深化行为阶段理论模型、拓展创业意愿与行为关系研究空间提供了理论参考，对有效实施创业行为提供了实践启示。

第一节　研究假设与模型

一、创业目标意愿与创业行为投入

目标是对期望结果的一种思维表示（mental representations），而人们形成的目标意愿是确保期望结果得以实现的行动指示（Toli et al.，2016）。具体到创业活动中，目标意愿表示个人想要实现什么创业目标以及实现这一目标的强烈程度（what to achieve），反映出个人为实现某一创业目标所付出的努力（Bird，1988）。

埃德尔曼等（Edelman et al.，2010）指出，期望目标强度有助于解释个人行为，创业目标意愿构成形式越好，个人实现具体目标的承诺水平也就越高（Dholakia and Pbagozzi，2003）。因为创业目标意愿强度作为一种承诺集合（commitment profile），从情感、规范性方面对预期工作行为产生积极影响（Adam and Fayolle，2015），从而对个人为创立企业作出的行为投入具有促进作用。而且，心理学研究也指出，承诺水平可以升级并同样存在创业活动中。当个人对预期目标、行为决策表现出一定责任感时，他们会提高承诺水平以保存心理和行为的一致性（Staw，1981；Brockner，1992），尤其个人想要创立企业时，他们对所有创业活动决策会表现出更高责任感，从而更加倾向承诺升级，为创业行为投入更多（McCarthy et al.，1993）。

创业意愿向企业创立行为转变，其关键在于创业活动的行为投入（Gielnik et al.，2014），例如人们追求创业机会就是在参与创业过程（Shane et al.，2003）。对此，行为阶段理论为揭示创业过程的行为决策过程提供了良好基础（van Gelderen et al.，2018；Carsrud and Brännback，2011）。首先，在预决策阶段，个人想要成为创业者的期望显现，即个人决定实现什么期望，此时意愿形成处于中心地位（van Gelderen et al.，2018）。其次，在预行动阶段，个人发现机会、思考需要哪些行动才能成为创业者，行动计划有助于推动实际创业行为投入。再次，在行动阶段，以具体行为投入创业活动，促使企业创立；最后，评估以往行为结果。在上述四个阶段中，第一阶段是后续一系列行为阶段的基础（van Gelderen et al.，2018），实现具体创业目标的动机越强，个人最终为追求目标而投入行为的概率也会增大。因此，创业目标意愿对个人创业行为，尤其是个人参与创业活动并成为创业者的概率具有积极作用（Adam and Fayolle，2015）。

基于上述分析，提出以下假设。

假设4－1：创业目标意愿对创业行为投入具有促进作用。即创业目标意愿越强烈，个人越可能为促使企业创立投入更多行为活动。

二、创业执行意愿与创业行为投入

创业执行意愿是个人为实现创业目标打算采取的一系列步骤，涉及时间、情况和具体方式等内容（Gielnik et al.，2014；van Gelderen et al.，2018）。这些内容集中表现为个人如何朝既定目标有效前进的问题（Gollwitzer，2012），是一种目标奋斗过程，折射出个人意志力。个人意志力越坚定，其维持相应行为的可能性也就越高，而且有研究通过实验发现，相较于控制组而言，当实验组群体具有执行意愿时，其行为投入数量增加（van Gelderen et al.，2018）。

创业通常被当作一种个人－机会互动过程（Shane and Venkataraman，2000；Shane，2012），即便个人具有较强意愿但未及时发现机会之窗，他们也很难创立企业。对此，创业执行意愿有助于改善这一情况，提高个人投入创业行为的可能性。首先，创业投入取决于个人如何参与相关过程的决策（Shane et al.，2003），间接表明执行意愿在创业过程中发挥重要作用。其次，执行意愿有助于唤醒创业者的行动意识，特别是伴随具体行为的时间、地点、方式和情况时，即便个人意愿强度较低，行动意识也会自动产生（van Gelderen，2018）。最后，由于未知结果状态难以估计，创业活动越来越被看作一种试验过程，在整个过程中，行动者通过不断试探以发现信息、重构机会；针对诸多搜索行为，执行意愿相关研究指出，它在个人工作搜寻行为中具有显著预测作用（van Hooft et al.，2005）。

根据行为阶段理论，执行意愿能帮助行动者重构活动过程、专注有效投入，从而提高个人采取行为的动机或作出是否给予行为投入的判断

（Davidsson，2006）。更为重要的是，创业执行意愿还有助于新生创业者将行为投入集中到关键活动上，从而减少不必要活动、无效行为所带来的精力浪费（Delmar and Shane，2003）。

根据上述分析，提出以下假设。

假设4-2：创业执行意愿对创业行为投入具有促进作用。即创业行动计划越详细，个人越可能为促使企业创立投入更多行为。

三、创业执行意愿的中介作用

个体意愿强度在很大程度上影响其目标能否实现，尽管该发现得到实证支持（Sheeran，2002），但目标意愿不一定是实现期望结果的充分条件（Gollwitzer and Sheeran，2006）。同样，在创业研究中，有研究指出，创业目标意愿虽能在很大程度上解释创业行为投入的方差，但仍有63%的个体有意愿却未采取创业行为、哪怕是非常少的行为投入（Kautonen et al.，2015；Gielnik et al.，2014）。因此，根据行为阶段理论，为实现企业创立这一目标而投入行动，仅有创业目标意愿还不足，它需通过执行意愿产生目标导向行为。即执行意愿能指引和控制个人努力从而启动目标导向行为，而且这种行为还可以通过执行意愿得到维持。

诸多研究证实执行意愿并非自动产生，目标意愿强度能够有效对其预测（Brickell et al.，2006；Churchill and Jessop 2010）。卡拉罗和高德罗（Carraro and Gaudreau，2013）指出个体在追逐某一具体目标时，会产生相应行为计划，来帮助其实施目标奋斗过程、抵抗外部干扰。目标与手段相互连接，目标意愿激活能推动适当行动方式产生，从而实现具体目标（Wieber and Gollwitzer，2017）。而且，行为阶段模型表明，执行意愿产生之前，目标意愿已经产生。尽管可能存在直接由执行意愿参与有关创业活动的现象，但这种意愿不是完全意义上的创业执行意愿，因为有关行为目标并非个人有意识的思考，表现为一种被迫执行。总之，如果第二行为阶段没有完成，创业目标意愿不一定促使创业行为投入。

因此，根据上述内容，在创业行为投入过程中，当个人产生想实现某一目标的动机时，可以通过执行意愿实现自我协调，从而提高实现创业目标的可能性（Adam and Fayolle，2015），加速企业创立的过程。此外，伊罗佳等（2014）基于行为阶段模型核心构念，揭示了意志技能（volitional skill）在创业意愿与职业选择之间具有中介效应；乔柯斯和萨拉乌（Chalkos and Salavou，2016）发现，当个人承诺从事某活动时，参与创业活动的意愿更易激发后续一系列行为；有关元分析研究也证实，执行意愿在一系列行为计划中具有中介作用（Carraro and Gaudreau，2013）。

综合以上分析，提出以下假设。

假设4-3：在创业活动中，目标意愿对行为投入的影响通过执行意愿实现，即创业执行意愿发挥中介作用。

基于上述研究假设，本书构建"创业意愿与行为投入关系中介模型"，见图4-1。

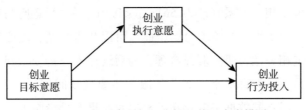

图4-1 创业意愿与行为投入关系中介模型

第二节 实证分析结果

一、同源方法偏差分析

为避免同源方法偏差问题，本部分研究参考波德萨科夫等（Podsakoff et al.，2003）给出的建议。第一，采取不同测量尺度对问卷内容进行评价，自变量采取5点评价尺度、因变量采取6点评价尺度；第二，避免条目内容含糊不清而出现参照点偏移（如将"存钱投资企业"修订为"存钱创办自己的企业"）；第三，保持条目简练、符合中文表达习惯；第四，采取哈曼单因素分析方法（Harman's single factor）检验是否存在同源方法偏差。

在本部分研究中，对主要变量进行哈曼单因素分析法检验，结果表明：主要研究变量共提取3个因子，累计解释力度在47.593%，其中一个因子的最大解释力度为14.672%。根据结果可以判定，单因素检验结果既不存在提取唯一一个因子的情况，也不存在多个因子中其中一个解释力度过大的情况。因此，可以认为不存在同源方法偏差问题。

二、描述性统计与相关性分析

本章研究中，相关变量间均值、标准差和相关性分析见表4-1。从表4-1可以看出：性别与执行意愿之间存在显著负相关关系（$r = -0.163$，$p < 0.01$）；收入水平与目标意愿之间具有显著正相关关系（$r = 0.130$，$p < 0.05$），与创业行为投入也存在正向关系（$r = 0.162$，$p < 0.05$）；目标意愿与执行意愿之间正向关系显著（$r = 0.618$，$p < 0.01$），与创业行为投入也存在显著正相关关系（$r = 0.561$，$p < 0.01$）；执行意愿与行为投入之间正相关（$r = 0.590$，$p < 0.01$）。由此，可以初步判断，因变量与自变量之间具有一定相关性，研究假设合理，为后续深入分析变量间关系提供了良好基础。另外，教育水平、职业年限与主要变量间相关关系并不显著，初步表明其虽因不同数据来源存在差异但对结果变量影响不大；多数变量间相关性不显著初步表明变量间共线性问题不严重。

三、信度和效度检验

有关变量的信度、效度检验结果见表4-2。效度表示测量指标能否真实度量概念本身所涵盖的内容，即有效性；信度则表示测量指标或内容能否对不同对象进行持续测试，反映的是连贯性、持续性，即是否稳定（罗胜强和姜嬺，2014）。以历史测试为例，对3年级中国学生使用的测试内容，如果测量美国学生就失去效度，因为该测试内容难以反映两国学生真实水平；该测试内容也不能用于其他外国学生，只能用于中国其他地区的3年级学生，这样才能保证测试结果可靠。

表 4 - 1　变量均值、标准差与相关性分析

变量	均值	标准差	1	2	3	4	5	6	7	8	9
1. 性别	1.492	0.501	1								
2. 年龄	33.143	6.969	-0.115	1							
3. 教育水平	1.849	0.498	-0.021	0.002	1						
4. 收入水平	2.294	0.748	-0.079	0.276***	0.034	1					
5. 职业年限	3.605	2.679	-0.136	0.483***	-0.005	0.254***	1				
6. 风险意识	3.976	0.362	-0.001	0.010	0.030	0.052	0.062	1			
7. 目标意愿	3.865	0.625	-0.034	0.070	0.060	0.130**	0.128	0.066	1		
8. 执行意愿	3.860	0.764	-0.163***	0.107	0.035	0.079	0.120	0.102	0.618***	1	
9. 行为投入	4.565	1.039	-0.024	0.020	0.036	0.162**	0.120	0.087	0.561***	0.590***	1

注：* 表示 p < 0.1；** 表示 p < 0.05；*** 表示 p < 0.01（双尾检验）。

表4-2　　　　　创业意愿与创业行为投入信度和效度检验结果

维度	条目	因子载荷	平均方差提取量	信度	总体信度
创业目标意愿	我曾打算存钱来创办自己的企业	0.644	0.765	0.685①	0.850
	我曾打算制订一些明确的创业计划	0.863			
	我曾打算争取一些顾客	0.969			
	我曾考虑注册企业/取得营业执照	0.907			
	我曾打算先做第一笔买卖	0.951			
创业执行意愿	我曾具体计划好创业第一步要做什么	0.718	0.504	0.751	
	我曾具体计划好何时开始创业的第一步	0.711			
	我曾具体计划好在哪里开始创业的第一步	0.814			
创业行为投入	为促使企业成立，您对创业活动付出的努力	0.700	0.636	0.833	
	为促使企业成立，您对创业活动投入的时间	0.765			
	为促使企业成立，您对创业活动投入启动资金	0.812			

　　具体而言，本章分别采取克朗巴哈系数（Cronbach's α）、聚合效度和区别效度进行信度、效度检验（罗胜强和姜嬿，2014；Campbell and Fiske，1959）。结果显示，创业目标意愿、创业执行意愿和创业行为投入的信度系数基本满足大于0.7的标准，总体信度系数也满足大于0.7的标准，说明具有很好的信度（Nunnally，1978；Nunnally and Bernstein，1994）；各变量对应条目的平均方差变量提取量大于0.5、因子载荷基本在0.7以上，意味着聚合效度良好，平均方差变量提取量平方根大于该变量与其他变量相关系数，表明区别效度较好（Fornell and Larcker，1981；Hair

---

① 条目数量少于6个时，信度系数大于0.6即可满足标准；在探索性研究中，信度系数也可以小于0.7，但应大于0.6。

et al.，2013）。

四、数据分析方法与结果

（一）分析方法与回归模型

在本章研究中，主要变量为连续变量且存在多个解释变量同时对结果变量进行回归，因此，采用多元线性回归模型来验证中介效应。样本归回模型如下：

$$Ent\_action = \beta_0\, goal + \beta_1\, imp + \sum_i \beta_i\, control_i + \mu$$

其中，Ent_action 表示创业行为投入，$goal$ 表示创业目标意愿，imp 表示创业执行意愿，$control_i$ 表示控制变量（$gender$ 为性别、age 为年龄、edu 为教育水平、$tenure$ 为任职年限、$income$ 为收入水平、$risk$ 为风险意识），μ 表示随机误差项。

样本回归一般是在非常经典、理想的前提假设下进行，强调回归模型无偏、稳健、不存在计量模型问题（陈强，2014）。然而，实际情况并非如此。因此，在多元线性回归分析之前，本章对样本回归模型可能存在的计量问题进行检验，具体有共线性、异方差、自相关检验等。另外，在多元线性回归分析后，进一步对样本回归模型进行稳健性检验，通过替换变量形式、分组检验、内生性和样本选择偏差检验实现。

在假设检验之前，样本回归模型需要确定其有效性、一致性。为此，首先对测量尺度不同的变量进行了标准化处理，以消除量纲问题；然后，对样本回归模型进行共线性、异方差检验；鉴于样本数据为截面数据，不存在严格的时间序列，因此自相关问题不在重点检验范围。

首先，以方差膨胀因子（VIF）为指标，检验样本回归模型是否存在多重共线性问题。检验结果表明，所有解释变量中的 VIF 均值为 1.28、最大值为 1.57，均小于 10，意味着样本回归模型不存在多重共线性问题。

其次，异方差检验采取怀特异方差检验方法，对其纠正则可以通过加权最小二乘法实现（陈强，2014）。异方差检验结果表明，样本回归模型 $\chi^2(43) = 72.08$，p = 0.004，即异方差显著存在。因此，在后续假设检验中需要处理异方差问题。

（二）研究结果

一般而言，中介效应的检验思路是逐渐添加变量、逐步回归（Baron and Kenny，1986）。然而，该检验思路越来越受到诸多质疑。比如，对两个路径检验时，这两条路径可能作用强度相同、方向相反，进而相互抵消使得中介路径不能被发现；存在多个中介变量时，逐步回归法很难实现；传统方法根据主效应变化情况判断中介作用是否存在，不是直接验证中介路径的统计量（陈瑞等，2013；何良兴，2017）。为应对这些问题，普里彻和哈耶斯（Preacher and Hayes，2004）提出 Bootstrap 方法验证中介效应，该方法以其简洁有效的运行程序得到国内外同行广泛使用（何良兴，2017；Zhao et al.，2010），本章亦采取该方法对样本回归模型进行检验。

考虑异方差引起的估计有偏问题，在进行 Bootstrap 之前，先对样本回归模型进行加权，即采取加权最小二乘法。为获取最大权重，研究以回归残差平方的倒数为权重进行加权。表 4 - 3 给出创业意愿与行为关系的中介效应检验结果。模型 1 将控制变量、创业目标意愿考虑在内，考察自变量与中介变量之间关系。结果表明，受访者性别、教育水平与创业执行意愿均正向显著（$\beta = 0.151$，p = 0.000；$\beta = 0.469$，p = 0.000），风险意识与创业执行意愿负向显著（$\beta = -0.455$，p = 0.000）；创业目标意愿与创业执行意愿之间存在显著正向关系（$\beta = 1.055$，p = 0.000）。

表 4 - 3 中，在模型 1 基础上，将控制变量、自变量和中介变量共同放入模型 2 验证中介效应。结果表明，教育水平对因变量的作用，与模型 1 相比降低，回应了前述 T 检验结果中不同数据来源教育水平差异可能导致结果变量存在不同的问题；与模型 1 相比，任职年限显著性未发生变化，其对因变量影响作用稳定；创业目标意愿对创业行为投入正向显著（$\beta_{goal} = 0.360$，p = 0.000），置信区间不包含 0，即假设 4 - 1 成立；创业执行意愿与创业行为投入存在正向显著关系（$\beta_{imp} = 0.404$，p = 0.000），置信区间不包含 0，即假设 4 - 2 成立。

在中介效应结果中，中介作用的置信区间为（LLCI = 0.126；ULCI = 0.682）不包含 0，即中介效应成立，假设 4 - 3 得到验证。此时，中介路径效应值为 0.426（p = 0.004），即为中介路径系数的作用强度。这意味

表4-3　创业意愿与创业行为投入关系中介效应检验

模型1

Variable	Coefficient	SE.	t	p	LLCI	ULCI
constant	2.226	3.116	0.714	0.476	-3.934	8.385
goal	1.055 ***	0.045	23.539	0.000	0.966	1.144
gender	0.151 ***	0.033	4.635	0.000	0.087	0.216
age	0.304	0.206	1.475	0.143	-0.104	0.712
edu	0.469 ***	0.039	11.983	0.000	0.392	0.547
tenure	-0.156	0.162	-0.959	0.339	-0.477	0.165
income	0.052	0.034	1.543	0.125	-0.015	0.118
risk	-0.445 ***	0.030	-14.909	0.000	-0.504	-0.386
Model Summary	F					471.054 ***

模型2

Variable	Coefficient	SE.	t	p	LLCI	ULCI
constant	1.687	0.465	3.632	0.000	0.769	2.606
imp	0.404 ***	0.013	32.360	0.000	0.380	0.429
goal	0.360 ***	0.015	24.347	0.000	0.330	0.389
gender	0.220 ***	0.005	42.305	0.000	0.210	0.231
age	-0.042	0.031	-1.349	0.179	-0.103	0.019
edu	0.107 ***	0.008	12.908	0.000	0.090	0.123
tenure	0.033	0.024	1.377	0.171	-0.015	0.081
income	-0.062 ***	0.005	-12.262	0.000	-0.072	-0.052
risk	0.030 ***	0.007	4.139	0.000	0.015	0.044
Model Summary	F					11356.899 ***

直接和间接效应

情境知识对创业行为倾向的直接影响

Effect	SE.	t	p	LLCI	ULCI
0.360 ***	0.015	24.348	0.000	0.330	0.389

中介效应

Effect	Boot SE	t	p	BootLLCI	BootULCI
0.426	0.146	2.918	0.003	0.126	0.682

注：* 表示 p<0.1；** 表示 p<0.05；*** 表示 p<0.01（双尾检验）。

着创业目标意愿对创业行为投入的影响通过执行意愿实现，执行意愿作为互补中介（因为系数乘积大于0），是解释个人创业行为投入差异的重要路径。

五、稳健性检验

（一）内生性检验

根据现有理论，意愿是预测行为的有效指标（Ajzen，1991），受诸多因素影响。因此，在本部分研究中，意愿与行为关系模型可能遗漏其他变量，从而产生内生性问题（王宇和李海洋，2017），对此要进行检验，以确保回归结果稳健性。

由于样本回归模型存在异方差问题，因此传统豪斯曼检验（Hausman）方法判断内生性不成立，需采取DWH检验（陈强，2014）。结果显示，DWH检验的p值小于0.01，可以认为自变量为内生解释变量。鉴于异方差存在，采取广义矩估计方法（generalized method of moments，简称GMM，是基于模型实际参数满足一定矩条件而形成的一种参数估计方法）解决内生性问题，要比两阶段最小二乘法（2SLS）更有效（陈强，2014）。在考虑创业意愿稳定性、家庭创业经历和管理职位工具变量后，最终结果表明：创业目标意愿、创业执行意愿与因变量之间关系仍然显著（$p_{goal} = 0.001$；$p_{imp} = 0.021$）。过度识别检验结果显示 Hansen's J $\chi^2(1) = 0.001$（$p = 0.9813$），意味着工具变量有效、不存在过度识别问题。因此，初始假设检验结果的显著性仍然有效。

（二）变量替换

在本章中，创业行为投入涉及精力、时间和资金投入三方面内容。对此，用受访者参与融资活动的数量（包括自己财产、向别人或机构融资两部分）替代资金投入。考虑用融资活动数量替代资金投入，是因为融资作为新生创业阶段具体活动之一，被诸多研究或知名调查考虑在内（PSED II，2012；CPSED，2012；Shirokova et al.，2015；Kautonen et al.，2015；Curtin et al.，2018）。

将融资活动数量与为企业创立付出的努力、时间整合，得到创业行为投入的可替代测量形式，最终结果表明自变量对因变量的显著性依然成立，中介效应也成立：创业目标意愿、创业执行意愿均与创业行为投入正向显著（$\beta_{goal}=0.261$，$p=0.000$；$\beta_{imp}=0.447$，$p=0.004$）；创业执行意愿的中介效应也显著存在，效应值为 0.241，置信区间为（0.099，0.425）不包含 0。

（三）分组检验

本章的调查数据获取主要由受访者回顾意愿产生到行为决策中的内容，可能存在回溯性偏差（Shepherd and Zacharakis，2018）。因此，通过分组检验，验证是否存在回溯偏差对样本回归结果产生影响（Colombo and Piva，2019）。

首先，以创业意愿稳定性分组，检验是否存在回溯偏差对回归结果产生影响。考虑受访者从意愿产生到行为决策中，创业意愿稳定性会发生变化，所以选取创业意愿稳定性为指标进行分组检验。具体地，以创业意愿稳定性均值（3.47）为标准分为高低两组分别进行检验。结果表明：创业意愿稳定性较高时，创业目标意愿、创业执行意愿与创业行为投入的正向关系仍然显著（$\beta_{goal}=0.413$，$p=0.002$；$\beta_{imp}=0.467$，$p=0.003$），创业执行意愿中介效应显著，效应值为 0.317，置信区间为（0.058，0.578），不包含 0；创业意愿稳定性较低时，创业目标意愿、创业执行意愿与创业行为投入的正向关系仍然显著（$\beta_{goal}=0.247$，$p=0.000$；$\beta_{imp}=0.422$，$p=0.021$），创业执行意愿中介效应显著，效应值为 0.159，置信区间为（0.033，0.386），不包含 0。由此可以判断回溯偏差对研究假设结果影响不明显，原有假设检验结果稳健。

其次，由回溯方式获取的调查数据可能存在合意性偏差（social desirability bias）（Gartner and Shaver，2012），需要对其进行检验。具体地，将样本对象按创业意愿时间间隔 1 年内和 1 年以上分为两组，进行回归分析，即以 1 年为标准。原因在于：（1）现有研究认为，创业意愿与创业行为间隔至少为 1 年；（2）一般来说，创立企业至少需要 1 年时间；（3）PSED 和 CPSED 等创业调查项目，在对受访者调查时，要求受访者回顾过去 12 个月的情况。回归分析结果表明：间隔 1 年内的检验结果，创业目标意愿、创业执行意愿对创业行为投入的正向作用显著存在（β_{goal} = 0.269，p = 0.053；β_{imp} = 0.427，p = 0.022），创业执行意愿中介效应仍成立，其置信区间为（0.017，0.489），不包含 0，效应值为 0.220；间隔 1 年以上检验结果，创业目标意愿、创业执行意愿对创业行为投入的正向作用显著存在（β_{goal} = 0.339，p = 0.000；β_{imp} = 0.474，p = 0.000），创业执行意愿中介效应显著，效应值为 0.242，置信区间为（0.098，0.466），不包含 0。分组检验结果显著性与初始回归结果显著性不存在差异，通过回溯调查获取的样本数据，不存在明显偏差。

（四）样本选择偏差检验

在获取调查对象过程中，部分受访对象从孵化器、众创空间获取，可能会导致样本选择偏差问题；此外，创业行为投入部分数据缺失，同样可能造成样本选择偏差问题（Heckman，1979）。因此，需考虑在样本选择偏差问题对初始结果稳健性的影响。对此，本章以任期、教育水平（二者与主要变量显著相关）和意愿强度、态度、主观规范、感知行为控制（据计划行为理论模型选择这些变量，Ajzen，1991）作为差异变量，通过赫克曼两步法进行样本选择偏差检验。检验结果表明：考虑差异变量后，逆米尔斯比率（inverse millsn ratio，IMR）显著成立（β = 0.662，p = 0.080），创业目标意愿、创业执行意愿对创业行为投入的正向作用仍然显著（β_{goal} = 0.345，p = 0.000；β_{imp} = 0.439，p = 0.000）。

第三节　研 究 讨 论

本章通过 Bootstrap 方法检验了创业意愿与创业行为投入差异的中间路径，研究结果显示：个人的创业目标意愿对其创业行为投入具有显著促进作用；创业执行意愿对其创业行为投入也发挥着显著促进作用；创业行为投入差异的中间路径在于创业执行意愿问题，即创业执行意愿在整个作用过程中具有中介效应。

根据研究结果，可以发现：第一，个人如果确定企业创立目标（一种行为动机），会有助其为实现既定目标做出行为承诺，不断进行投入以促进目标实现；第二，除目标设置外，个人为达成企业创立目标所表现出的奋斗意愿，是影响其目标实现的重要环节，即创业行为动机转变为创业行为投入，关键因素在于执行意愿；第三，较强创业动机不必然引发创业行为，创业执行意愿所集中反映的创业意志力，是解释创业意愿与行为投入存在差异的重要因素。因此，综合研究发现，可以认为，个人动机与意志力相互配合，是朝企业创立目标前进的有效工具，对整个目标行为达成过程具有很好调控作用。概括而言，创业不只在于个人动机（即想不想做），还在于如何做（即有没有坚定意志朝着创业目标前进）。

本章研究从创业执行意愿角度探索了创业目标意愿向创业行为投入转化的中间路径，解释了创业意愿与行为投入存在差异的原因机制，其研究贡献表现在以下几方面。

首先，为现有创业意愿与行为关系研究拓展新方向。现有创业意愿与行为关系研究，主要基于计划行为理论和创业事件模型展开（Schlaegel and Koenig, 2014；Liñán and Chen, 2010；Krueger et al., 2000）。然而，这些研究核心在于解释和预测创业意愿（Schlaegel and Koenig, 2014），忽略了对创业意愿与创业行为转化机制的深入探索，而且创业意愿强烈不必然诱发相应行为。对此，本章从创业执行意愿入手，将其与创业动机结合，揭示了创业意愿与行为转化的作用机制，不仅弥补了现有创业意愿与行为关系一致性研究的不足，更为创业意愿与行为关系研究提供了新的探索方向。

其次，丰富创业研究理论边界，为其探索新空间。以往有关创业意愿的研究较少探索不同创业意愿类型在创业行为中的作用和地位，主要关注成长意愿在企业发展中的作用（Douglas, 2013；Mahdjour, 2015）。对此，借鉴行为阶段理论模型核心内容，将其由社会心理学领域繁衍到创业研究领域，既有助于深化行为阶段理论模型，又回应将执行意愿嵌入创业意愿与行为关系研究的呼吁（van Gelderen, 2018），补充和完善创业意愿相关研究内容，最终为拓展创业意愿与行为关系研究提供新理论空间。

本章研究的实践启示在于：首先，就潜在创业者而言，创立企业不仅需要强烈动机，更需要未雨绸缪、事先谋划，在朝着目标前进过程中，不断培养和塑造坚定的执行力、意志力；其次，对社会机构而言，创业教育培训或政策不仅要关注个人强烈的成功愿望和创业动机，更要引导个人关注可行的创业行为计划，在培养创业能力的同时，更加塑造个人意志力。

当然，本章研究也存在一定局限。创业意愿与行为落差不仅反映出个人意志力差异，还反映出个人认知逻辑差异。创业活动面对高度不确定性，对于潜在收益和未知损失，人们会表现出不同损失认知差异。因此，在朝创业目标前进的过程中，创业执行意愿作为解释差异的重要因素，在不同损失认知下的具体作用如何，需要进一步分析。

第五章

创业意愿与行为投入差异机制：
损失厌恶的调节

　　在朝着创业目标前进过程中，个人是否具有执行创业计划的意愿，是具体目标能否转化为实际行为的关键。执行意愿作为个人意志的体现，其程度高低反映出个人意志力的强弱。作为个人特质的一部分，意志力虽然相对稳定，但在不同情境要素刺激下会有所差异（Heckhausen and Heck-hausen, 2018；Achtziger and Gollwitzer, 2018），这反映出个人情境评价的认知逻辑不同。就创业活动而言，参与者既难以基于已有信息估算未知结果，又要面临创业试验行为带来不确定性的内生性。因此，个人对未知结果的损失恐惧，成为其实施创业活动意图的重要影响因素（Hsu et al., 2017）。因此，在对创业活动不确定情境进行认知评价时，创业执行意愿作为目标意愿向行为投入转化的重要中间因素，其具体作用表现如何？

　　创业研究领域目前对执行意愿具体作用的探索还较少。吉尔尼克等（2014）、亚当和法约尔（2015）均指出行为实施在创业目标意愿与创业行为关系间发挥调节效应；但范格兰德等（2018）研究表明，执行意愿在创业行为转化发挥中介效应的同时，被创业目标意愿调节。上述研究发现存在很大不同甚至相互矛盾，是因为类似研究并未考虑个人实施某种活动时执行力的强弱，即情境认知评价对个人意志力的影响。

行为阶段理论模型（Heckhausen and Gollwitzer，1987；Gollwitzer，1990，2012；Achtziger and Gollwitzer，2007）在揭示不同阶段心理准则（动机和意志力）的同时，还强调将个人不同认知模式考虑在内。在预决策阶段，个人以一种相对开放、无偏的心态处理信息，思考实现目标可能存在的利弊（Achtziger and Gollwitzer，2007），有助于个体面对不确定情况搜索更多信息，以构思如何实施创业活动；在决策后阶段，个人以偏见心态评估信息并减少对新信息的接受（van Gelderen et al.，2015），此时实施行动会更加关注方案可行性，尤其在担忧未知损失时，难以客观评价相应结果，从而对后续行为产生影响。心理准则和认知模式相互结合，为完善创业意愿与行为投入差异模型、探索具体情境因素提供了坚实理论基础。

基于此，本章以252名潜在创业者为研究对象，通过Bootstrap方法探索创业意愿与行为投入差异机制在损失厌恶启发式下的具体表现。研究结果表明：损失厌恶负向调节创业目标意愿对行为投入的积极作用、正向调节创业执行意愿对行为投入的积极作用；损失厌恶在不同水平下，创业执行意愿均发挥中介效应，即创业意愿与行为关系是一种有调节的中介效应。研究结论对拓展创业意愿理论边界、完善行为阶段理论模型具有重要意义，对训练和改进新生创业者认知模式提供了实践启示。

第一节　研究假设与模型

一、损失厌恶调节创业目标意愿与创业行为投入

根据行为阶段理论，创业目标意愿反映行动者的行为动机，个人动机越强越有可能为实现目标投入相应行为。但是，创业目标意愿不一定诱发具体行为投入（Gielnik et al.，2014），二者之间存在一定距离（Gollwitzer，1990），其转化具有时间滞后和诸多不确定性。这意味着创业目标意愿对行为投入的解释力度取决于一定情境因素。

创业目标意愿表示为个人为实现创业目的想做某事，是对未来结果的

一种美好期望（Toli et al., 2016）。在行为阶段理论中，这种美好期望基于相对清晰、明确、稳定的目标产生，创业市场环境越明确，越能帮助个人清晰界定创业目标，从而产生一系列具体行为动机。然而事实上，创业活动面对诸多奈特不确定性，即市场需求、产品状况、竞争状况和未来结果等内容都无法准确预测，更甚者市场也不存在。这不仅意味未来前景不确定，也意味人们无法凭借现成资料和信息对未来进行准确预测。面对这一情境，对未知风险和创业失败的担忧，诱发个人产生自动规避倾向（Gable et al., 2000），从而影响其创业行为投入实施（Frese, 2009；McKelvie et al., 2011）。因此，即便个人具有持续创业意愿，如果无法控制风险、降低损失，也难以产生富有成效的企业。

在预决策阶段，目标意愿解决个人选定什么目标的问题，这种目标设置不仅与个人动机有关，还与个人心理准则有关（Gollwitzer, 1990, 2012；Heckhausen and Gollwitzer, 1987）。具体而言，个人表现出一种思虑心态（deliberative mindset），在此阶段持一种较为开放、无偏的心态收集信息，分析实现目标可能存在哪些利弊（van Gelderen et al., 2015；Achtziger and Gollwitzer, 2007）。在创业活动中，目标意愿反映出的思虑心态更加明显。潜在创业者既没有先前创业经验，又很难基于相关经验对不确定的市场作出预测，这种情境增加了个人对创业活动未知结果的担心，降低了实现未来目标的信心。此时，不确定条件下的认知启发式对行为决策发挥重要作用（Luan et al., 2019），即个人以既有财产状况为参照点，面对未知结果时易将现有资产构建为损失，这种损失厌恶最终成为创业行为投入的阻碍（Hsu et al., 2017）。

另外，创业目标意愿作为一种承诺集合，对预期行为的影响存在承诺升级现象（McCarthy et al., 1993）。未建立企业的新生创业者在决定坚持还是放弃时，这种现象更易出现，尤其他们前期为创业活动投入大量资金、时间，其承诺升级会更明显，即坚持投入更多创业行为（牛芳等，2012）。但是，根据行为阶段理论，创业目标意愿在第一阶段更多是一种动机、尚未行动的状态，个人未投入时间、资金，此时面对创业结果的未知状态，框架效应会发挥作用：依据现有资产状况这一参照点，将既有财产建构为收益，将未知结果风险建构为损失。在禀赋效应下，现有资产估值高于未拥有该资产时的估值，损失厌恶情绪削弱个人承诺升级，减少创业行为投入，从而规避既有财产损失带来的痛苦感。

综合上述分析，提出如下假设。

假设5-1：创业目标意愿对行为投入的积极作用受损失厌恶态度负向调节。即个人损失厌恶越强烈，创业目标意愿对行为投入的促进作用越会被削弱。

二、损失厌恶调节创业执行意愿与创业行为投入

个体在不同行为阶段需要解决不同问题，实际是不同任务环境结构和心理认知的表征。在目标设置阶段，目标意愿主要解决实现什么目标的问题；在目标奋斗阶段，执行意愿主要解决怎样实现目标的问题。从目标设置到目标奋斗，是一种动机、思虑心态向意志、实施心态的转变，在此过程，个人对外部环境的认知方式也由相对开放、无偏的心态转变为有偏心态（Achtziger and Gollwitzer，2007），即主要聚焦在与具体目标有关的信息上。

在创业活动中，如果个人表现出强烈实施心态，会对达成创业目标表现出乐观主义幻想、只关注那些有利信息，从而对创业行为决策具有风险偏好。在前期投入中，这种偏好会促使行动者为挽回沉没成本带来确定损失而继续坚持（牛芳等，2012）。然而，这种现象不一定会存在。

前期阶段的行为投入更多是一种尝试性、探索性活动。创业结果概率难以有效预估，同时这种结果不确定性因试错、探索过程而产生内生性。对此，个体在探索过程中，估计风险超过预期或继续投入超出承受能力时，即使追加投入会带来价值，但因为"心理底线"设定，他们也倾向减少投入，以避免继续坚持带来损失更多的高风险；而且，海斯（Health，1995）的研究也证实了，由于心理预算的影响，个体会减少甚至放弃行为投入。这实际反映出个人在权衡现有财产与未知损失或风险时，同等数量的投入一旦难以收回，带来的损失痛苦感大于这些投入作为既有收益的喜悦感。因此，行动者只有及时"止损"来限制和约束损失更多的风险（Sarasvathy，2001，2008；Martina，2020）。

创业实施意愿是行动者对具体行为投入或创业活动方式进行的大脑构思，尽管可能存在乐观评估倾向，但面对创业结果不确定状态，如何投入

和投入多少都很难有效估计。在不确定条件下的行为决策，启发式或认知偏差能发挥有效作用（Luan et al.，2019；Kahneman and Tversky，1979；Thaler，2016）。此时，人们基于不确定信息会依靠框架效应对创业行为投入作出决策评价，将现有资产作为确定收益、未知风险作为潜在损失；相较于前者而言，人们更担心损失，尤其在创业活动失败率很高时（Thaler，2016）。因此，损失厌恶成为潜在创业者或新生创业者是否继续创业投入的关键（牛芳等，2012；Gimeno et al.，1997）。

基于上述分析，提出如下假设。

假设5-2：创业执行意愿对行为投入的积极作用受损失厌恶负向调节。即个人损失厌恶越强烈，创业执行意愿对行为投入的促进作用越会被削弱。

三、损失厌恶对创业执行意愿中介效应的调节

从行为阶段理论出发，目标意愿和执行意愿作为实现两个目标的重要环节——目标设置和目标奋斗（Gollwitzer，1990，2012；Heckhausen and Gollwitzer，1987），对个人投入创业活动、促使企业创立具有关键作用（Gielnik et al.，2014；van Gelderen et al.，2018）。创业目标意愿越强烈，则意味着行动者达成目标的动机越强烈，相应行为越可能被付诸实施，而由动机到行为实施的过程则需要个人意志力发挥作用，即坚持不断地投入、执行。

创业涉及大量计划工作（Bird，1988；Katz and Gartner，1988），按照传统管理思维逻辑，可以基于预期目标搜索信息、分析、预测并制订相应计划。然而，从创业目标明确、目标实施到最终企业创立中间还存在很长距离（Gielnik et al.，2014），这意味着时间滞后和诸多不确定性，传统管理中的预测逻辑则很难满足决策要求。具体而言，潜在创业者参与创业活动面对诸多不确定性，比如，目标市场事先不存在，市场需求、产品和竞争对手信息无法获取，很难基于现成信息进行预估（Sarasvathy，2001，2008）。在这一情境下，面对既有财产和未知损失或风险，个人启动损失认知启发式，更倾向于把握既得利益，避免潜在损失痛苦感。此时，第一阶段创业目标意愿反映的思虑心态（动机），促进行动者深刻反思、评估

自身创业能力（Baumeister et al.，2007），并基于自我信念（风险感知、预期结果等）改变意愿，对创业行为投入更加谨慎（van Gelderen et al.，2015）；第二阶段执行意愿反映的实施心态（意志力），虽可能促使有抱负的个人采取行动（Markman et al.，2005），但损失厌恶使个人将注意力更加聚焦于后果严重性上（Loewenstein et al.，2001），最终减少行为投入、自动规避严重后果。

根据上述分析，提出以下假设。

假设5-3：创业意愿与行为投入过程中的中介作用受损失厌恶调节，即一种有调节的中介效应。

基于上述研究假设，本章构建"损失厌恶下，创业意愿与行为投入差异"这样一个有调节的中介机制模型，见图5-1。

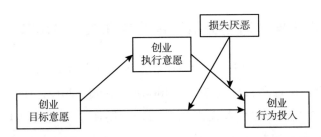

图5-1　损失厌恶下，创业意愿与行为投入差异机制研究模型

第二节　实证分析结果

一、同源方法偏差分析

本章研究采取一些保障措施，来避免调查过程中可能存在的同源方法偏差问题。具体借鉴了波德萨科夫等（2003）给出的建议：（1）对自变量、因变量和调节变量的测量形式采取不同尺度评价，以尽可能区分受访者对不同评价内容的认知差异；（2）对损失认知评价内容导入相关情境，一方面保证评价背景一致，另一方面消除除受访者基本特征外而产生的系统性偏差；（3）采取单因素分析方法验证。

除保障措施外，同源方法偏差还可以通过哈曼单因素检验法来判断

（Podsakoff et al.，2003）。最终，对本部分主要变量进行检验，结果表明：主要研究变量共提取 5 个因子，所有因子累计解释力度为 47.020%，其中一个具有最大解释力度的因子为 15.809%。由此可以看出，单因素检验结果既没有提取唯一一个因子，也没有出现多个因子中的一个解释力度过大的情况。因此，可以判定不存在同源方法偏差问题。

二、描述性统计与相关性分析

本章研究中，相关变量间均值、标准差和相关系数分析见表 5 - 1。在控制变量中，性别、收入水平与自变量关系存在显著相关，收入水平与创业行为之间正相关显著（$r = 0.162$，$p < 0.05$），所有控制变量与损失厌恶不存在相关关系，在一定程度上说明不同数据来源的个体差异不会对损失认知差异造成系统性偏差；在主要研究变量中，目标意愿与执行意愿之间正向关系显著（$r = 0.618$，$p < 0.01$），与创业行为投入存在显著正相关（$r = 0.561$，$p < 0.01$），与损失认知之间正相关关系也显著（$r = 0.143$，$p < 0.05$）；执行意愿与行为投入之间正相关（$r = 0.590$，$p < 0.01$），与损失认知的正相关也显著（$r = 0.199$，$p < 0.01$）。

根据上述可初步判断，因变量与自变量、调节变量之间存在显著关系，研究假设具有一定合理性，为后续深入分析变量间关系提供了良好基础。另外，只有个别控制变量与主要研究变量相关性显著，可初步认为不同数据来源个体差异对结果变量影响不大；多数变量间相关性不显著、相关系数大都在 0.5 以下，可初步判断变量间不存在严重的共线性问题。

三、信度和效度检验

本章研究中，对主要变量的信度、效度检验同样采取克朗巴哈系数（Cronbach's α）、聚合效度和区别效度进行检（罗胜强和姜嬿，2014；Campbell and Fiske，1959）。表 5 - 2 给出了信度、效度检验的具体结果。表 5 - 2 内容显示，损失厌恶信度系数满足大于 0.7 的标准，损失厌恶与自变量、因变量的总体信度系数为 0.714，也满足大于 0.7 的标准，说明

表 5-1　变量均值、标准差与相关性分析

变量	均值	标准差	1	2	3	4	5	6	7	8	9	10
1. 性别	1.492	0.501	1									
2. 年龄	33.143	6.969	-0.115	1								
3. 教育水平	1.849	0.498	-0.021	0.002	1							
4. 收入水平	2.294	0.748	-0.079	0.276***	0.034	1						
5. 职业年限	3.605	2.679	-0.136	0.483***	-0.005	0.254***	1					
6. 风险意识	3.976	0.362	-0.001	0.010	0.030	0.052	0.062	1				
7. 目标意愿	3.865	0.625	-0.034	0.070	0.060	0.130**	0.128	0.066	1			
8. 执行意愿	3.860	0.764	-0.163***	0.107	0.035	0.079	0.120	0.102	0.618***	1		
9. 行为投入	4.565	1.039	-0.024	0.020	0.036	0.162**	0.120	0.087	0.561***	0.590***	1	
10. 损失厌恶	3.941	0.692	0.022	0.080	-0.038	-0.055	0.061	0.014	0.143**	0.199***	0.062	1

注：* 表示 $p<0.1$；** 表示 $p<0.05$；*** 表示 $p<0.01$（双尾检验）。

具有很好信度（Nunnally，1978；Nunnally and Bernstein，1994）；平均方差变量提取量大于 0.5、因子载荷均在 0.7 以上，意味着聚合效度良好，平均方差变量提取量的平方根大于该变量与其他变量相关系数，表明区别效度较好（Fornell and Larcker，1981；Hair et al.，2013）。

表 5 - 2　　　　　　　　损失厌恶信度、效度检验结果

条目	因子载荷	平均方差变量提取量	信度
我会选择一个较小但确切的收益/我会继续投资，尽管可能会损失更多*	0.848	0.684	0.818
我会选择一个大的收益，尽管存在一无所获的风险/我会停止投资，以避免更大损失**	0.805		

注：*、** 表示分别从收益的 2 个条目和损失的 2 个条目中任选 1 个；因子载荷中，收益条目和损失条目分别整合，得到对应数值；信度系数为合并受访者所选对应条目后的结果；自变量和因变量信度、效度，在上述章节已给出。

四、数据分析方法与结果

（一）分析方法与回归模型

本章研究采用多元线性回归对主要变量间关系进行分析，这鉴于自变量、中介变量、调节变量等多个变量同时对因变量进行回归。

$$Ent\_action = \beta_0\, goal + \beta_1\, imp + \beta_2\, loss + \beta_3\, goal \times loss$$
$$+ \beta_4\, imp \times loss + \sum_i \beta_i\, control_i + \mu$$

其中，Ent_action 表示创业行为投入，$goal$ 表示创业目标意愿，imp 表示创业执行意愿，$loss$ 表示损失厌恶，$goal \times loss$ 和 $imp \times loss$ 均为交互项，$control_i$ 表示控制变量（$gender$ 表示性别、age 表示年龄、edu 表示教育水平、$tenure$ 表示任职年限、$income$ 表示收入水平、$risk$ 表示风险意识），μ 表示随机误差项。

考虑到研究模型不仅涉及中介效应、调节效应，还包括有调节的中介效应检验，而传统逐步回归法难以分析比较复杂的研究模型（陈瑞等，2013；何良兴，2017）。Bootstrap 方法不仅可以解决传统中介效应分析存

在的不足，还给出了 76 个模型，为验证不同类型的研究模型提供了简洁有效的运行程序（Preacher and Hayes，2004）。因此，本研究中，多元线性回归分析通过 Bootstrap 方法实现。

样本回归模型存在经典假设，即普通最小二乘法（OLS）估计量是最优线性无偏的（陈强，2014）。然而，实际回归过程会存在有偏、不稳健问题，因此，要对样本回归模型进行相关计量问题检验。首先，多重共线性检验。通过方差膨胀因子（VIF）判断是否存在共线性问题。检验结果显示，所有解释变量中的 VIF 均值为 1.36、最大值为 1.66，均小于 10，意味着样本回归模型不存在多重共线性问题。而且，进一步证实了描述性统计中根据相关系数所做的初步判断。其次，异方差检验。是否存在异方差问题，可以采取怀特异方差检验方法，若存在异方差问题，可以使用加权最小二乘法解决（陈强，2014）。在本章中，异方差检验结果显示，样本回归模型 $\chi^2(73) = 97.45$，p = 0.030，即异方差显著存在。因此，在后续假设检验中需要处理异方差问题。

（二）研究结果

考虑异方差引起的估计有偏问题，在采取 Bootstrap 方法之前，首先采取加权最小二乘法对样本回归模型进行加权。为获取最大权重，研究以回归残差平方的倒数为权重进行加权。表 5-3 给出创业意愿与行为关系有调节的中介效应检验结果。模型 1 将控制变量、创业目标意愿考虑在内，考察自变量与中介变量之间关系。结果表明，受访者性别、教育水平与创业执行意愿均正向显著（$\beta = 0.151$，p = 0.000；$\beta = 0.470$，p = 0.000），风险意识与创业执行意愿负向显著（$\beta = -0.455$，p = 0.000）；创业目标意愿与创业执行意愿之间存在显著正向关系（$\beta = 1.055$，p = 0.000）。

表 5-3 中，模型 2 是在模型 1 的基础上，将控制变量、自变量和调节变量共同考虑得到的。其检验结果显示了如下结论。

考虑加权后，控制变量虽对因变量作用显著，但相较于自变量而言，其作用系数总体较低，因此不同数据来源受访者基本特征差异对结果变量变异产生的影响较小。创业目标意愿对创业行为投入正向显著（$\beta_{goal} = 0.179$，p = 0.000），创业执行意愿与创业行为投入存在正向显著关系（$\beta_{imp} = 0.694$，p = 0.000），二者置信区间均不包含 0，因此，主效应成立。

表 5-3　创业意愿与创业行为投入关系有调节的中介效应检验

模型 1

Variable	Coefficient	SE.	t	p	LLCI	ULCI
constant	2.309	3.159	0.731	0.466	-3.936	8.554
goal	1.055***	0.045	23.376	0.000	0.966	1.145
gender	0.151***	0.033	4.603	0.000	0.086	0.216
age	0.306	0.208	1.470	0.144	-0.105	0.717
edu	0.470***	0.039	11.902	0.000	0.392	0.548
tenure	-0.157	0.164	-0.958	0.340	-0.480	0.167
income	0.052	0.034	1.537	0.127	-0.015	0.119
risk	-0.445***	0.030	-14.809	0.000	-0.505	-0.386

Model Summary　F　464.648***

模型 2

Variable	Coefficient	SE.	t	p	LLCI	ULCI
constant	0.972	0.267	3.642	0.000	0.444	1.499
imp	0.694***	0.019	35.691	0.000	0.655	0.732
goal	0.179***	0.014	13.113	0.000	0.152	0.206
loss	0.028***	0.005	5.652	0.000	0.018	0.037
Imp × loss	0.0003***	0.000	9.080	0.000	0.000	0.000
goal × loss	-0.0002***	0.000	-13.095	0.000	0.000	0.000
gender	0.201***	0.003	60.235	0.000	0.195	0.208
age	-0.215***	0.022	-9.911	0.000	-0.258	-0.172
edu	0.073***	0.008	9.085	0.000	0.057	0.088
tenure	0.121***	0.015	8.212	0.000	0.092	0.150
income	-0.014***	0.006	-2.355	0.020	-0.026	-0.002
risk	0.030***	0.010	2.933	0.004	0.010	0.051

Model Summary　F　26574.369***

不同调节水平下 X→Y 直接效应

loss	Effect	SE.	t	p	LLCI	ULCI
低	0.215***	0.012	17.524	0.000	0.191	0.240
高	0.142***	0.016	9.150	0.000	0.111	0.172

不同调节水平下 X→Y 间接效应

loss	Effect	Boot SE	BootLLCI	BootULCI
低	0.673	0.220	0.361	1.757
高	0.794	0.259	0.444	1.989

有调节的中介效应指标

index	SE（Boot）	BootLLCI	BootULCI
0.0003	0.0004	0.0001	0.0049

注：* 表示 p<0.1；** 表示 p<0.05；*** 表示 p<0.01（双尾检验）；模型1与表4-3 模型1虽使用相同变量，但二者在迭代过程中样本规模有差异，所以部分结果存在差异。

在调节效应中，损失厌恶与目标意愿交互项负向显著（$\beta < 0$，$p < 0.01$）、与执行意愿交互项正向显著（$\beta > 0$，$p < 0.01$），结合主效应判断，创业目标意愿对行为投入的积极作用受损失厌恶态度负向调节（假设5-1成立），创业执行意愿对行为投入的积极作用受损失厌恶态度正向调节（假设5-2不成立）。

在调节的中介效应中，首先，判断中介效应在不同条件水平下的状态，结果显示不同调节水平下的间接效应均成立（不同水平下的置信区间均不包含0），这意味着中介效应在不同调节水平下均存在；其次，总体判断有调节的中介效应，结果显示有调节的中介效应指标为0.0003，置信区间为（0.0001，0.0049），不包含0，因此，损失厌恶对创业目标意愿与创业行为投入中介过程的调节成立，即有调节的中介作用成立（假设5-3得到支持）。

五、稳健性检验

（一）内生性检验

受创业行为理论模型，如计划行为理论、创业事件模型等启发，创业行为受多种因素影响。本部分创业意愿、损失认知与行为关系模型可能遗漏其他变量，从而产生内生性问题（王宇和李海洋，2017），因此，要检验内生性以确保回归结果稳健。由于样本回归模型存在异方差，因此需采取DWH检验判断内生性，而不应使用传统豪斯曼（Hausman）检验（陈强，2014）。若假设损失厌恶为内生解释变量，检验结果表明，Durbin $\chi^2(1) = 9.706$，Wu-Hausman F（2，134）=9.474，p值均小于0.01，可以认为损失厌恶为内生解释变量。

结合最基础理论观点：创业意愿-行为关系受态度、主观规范、行为控制、感知期望和感知可行性等影响（Ajzen，1991；Shapero and Sokol，1982）。我们选取态度、主观规范作为工具变量，因为态度、主观规范与感知期望相一致（Krueger et al.，2000），且计划行为理论在不同情境下更稳健（Liñán and Chen，2010；Christopher and Michael，2014）。另外，损失认知与情境有关（Kahneman and Tversky，1979；Thaler，2016；卡尼曼，2016），需考虑客观环境和个人感知。因此，将受访者家庭创业经历、是否担任管理职位和感知不确定性也作为工具变量。

异方差存在时，采用广义矩估计法（GMM）解决内生性问题要比两阶段最小二乘法（2SLS）更有效（陈强，2014）。在考虑上述工具变量后，GMM方法检验结果表明：主效应仍然成立（$\beta_{goal}=0.204$，$p=0.088$；$\beta_{imp}=0.386$，$p=0.009$），损失厌恶对主效应调节也显著（$\beta_1=-0.429$，$p=0.046$；$\beta_2=0.340$，$p=0.027$）。过度识别检验结果显示 Hansen's J $\chi^2(1)=7.736$（$p=0.102$），意味着工具变量有效、不存在过度识别问题。因此，初始假设检验结果的显著性仍然有效。

（二）变量替换

考虑本章主要探索调节变量损失厌恶的重要作用，因此，选择损失厌恶的另一测量内容对现有测量内容进行替换，以验证初始假设结果稳健性。

有关损失厌恶测量，在研究设计中提供2个情境内容以进行评价。情境2与情境1相比，其损失认知评价方差较大，内部差异引起受访者行为系统变异也可能较大。在此情况下，使用情境2测量内容得到的结果，若与内部差异较小时的结果显著性相一致，则意味着结果稳健。

在将原有调节变量测量内容替换后，调节效应具体作用与初始假设相同。具体地，损失厌恶对创业目标意愿与创业行为投入关系的负向调节显著（$\beta=-0.100$，$p=0.000$），损失厌恶对创业执行意愿与创业行为投入关系的正向调节显著（$\beta=0.177$，$p=0.000$）；在不同调节水平下，创业执行意愿的中介作用成立，置信区间（0.274，0.886）（0.431，1.019）（0.527，1.303）均不包含0，有调节的中介效应指标为0.187，其置信区间为（0.084，0.336），不包含0。

（三）分组检验

与前述章节相同，本章部分调查数据由受访者进行回顾，可能存在回溯性偏差（Shepherd and Zacharakis，2018），比如合意性（social desirability）（Gartner and Shaver，2012）。尽管创业行为是依据客观活动的投入情况评价、损失认知也依据相关情境内容做出评价，但仍可能存在回溯问题，需验证回溯偏差是否对回归结果产生影响（Colombo and Piva，2019）。基于此，对本部分关键变量损失厌恶、创业行为投入进行 T 检验，以验证是否存回溯偏差对关键变量产生影响。由于回溯涉及时间以及状态稳定性问题，因此，分别以意愿时间间隔 3.5 年①、意愿稳定性均值（3.47）为分割点进行分组检验。最终，T 检验显示（如表 5 - 4 所示）两组间的损失厌恶、创业行为投入不存在显著差异。这意味着时间间隔长短和状态稳定性对关键变量不存在显著影响，可以判定不存在严重回溯偏差。

表 5 - 4   回溯偏差 T 检验结果

比较项目	意愿时间间隔（3.5 年）				稳定性均值（3.47）			
	均值差异		方差齐检验		均值差异		方差齐检验	
	T 值	P 值	F 值	P 值	T 值	P 值	F 值	P 值
损失厌恶	0.824	0.411	0.006	0.941	0.863	0.389	0.009	0.924
创业行为投入	0.378	0.706	0.020	0.888	1.340	0.181	0.045	0.832

（四）样本选择偏差检验

在获取调查对象过程中，部分受访对象以孵化器、众创空间获取，可能会导致样本选择偏差问题；此外，创业行为投入的部分数值缺失，也可能造成样本选择偏差问题（陈强，2014；Heckman，1979）。因此，需要检验是否存在样本选择偏差问题，以验证初始回归结果稳健性。

本章以创业意愿强度、创业意愿稳定性、家庭创业经历和感知不确定为差异变量，通过赫克曼两步法进行样本选择偏差检验。之所以考虑这些差异变量，首先，意愿强度和稳定性不仅与意愿类型相关，且对创业行为差异存在直接影响（Ajzen，1991）；其次，个人家庭创业经历和对客观环境不确定性认知，对其创业意愿和创业行为决策都存在间接影响。最终，检验结果显示：逆米尔斯比率（inverse mills ratio）显著成立（$\beta = -0.554$，$p = 0.086$），创业目标意愿、创业执行意愿对创业行为投入的主

---

①   GEM 在调查早期创业活动和已创立企业时，测量内容以 42 个月为时间点。

效应仍显著（$\beta_{goal}=0.247$，$p=0.001$；$\beta_{imp}=0.461$，$p=0.000$），调节效应显著性与初始假设一致（$\beta_1=-0.163$，$p=0.066$；$\beta_2=0.189$；$p=0.009$）。

第三节　研究讨论

基于行为阶段理论，研究揭示创业意愿向创业行为转变过程（即创业意愿与行为投入差异过程），与个人动机和意志力相互结合有很大关系。不过，个人动机和意志力如何配合与情境密切相关。创业活动情境存在很强不确定性（张玉利和谢巍，2018；张玉利，2019），此时，人们很难基于期望效用理论评价潜在收益和未知损失，而认知启发式对不确定条件下创业行为决策发挥重要作用（Luan et al.，2019）。基于此，本部分研究在前述基础上，将个体损失认知考虑在内，即构建"损失厌恶下，创业意愿与行为投入差异机制模型"，深入探索创业意愿与行为投入差异中间路径在个人损失厌恶下的具体作用。检验结果表明：损失厌恶负向调节创业目标意愿与创业行为投入积极作用，正向调节创业执行意愿对行为投入的积极影响；创业意愿与行为投入中介路径受损失厌恶调节，即一种有调节的中介效应。

损失厌恶作为前景理论核心内容，既可能促进风险承担行为产生，也可能抑制风险承担行为产生。结合研究结果，可以推断，损失厌恶不同作用表现不仅与参照点有关，还与创业行为不同阶段有关。具体而言，（1）在预决策/先决阶段，损失厌恶对目标意愿与行为投入关系具有负向调节效应，这与"个人面对收益前景会采取风险规避行为"相同；（2）在预行动/后决阶段，损失厌恶正向调节执行意愿与行为投入关系，这与"个人面对损失前景会采取风险偏好行为"相同；（3）在新生创业阶段（企业创立之前），损失厌恶表现出的调节效应贯穿整个过程，其正向调节作用水平大于负向调节作用水平（moderated mediation effect >0）。

在整个创业行为产生阶段，损失厌恶正负两种调节作用并未抵消。一方面，体现出 Bootstrap 方法检验复杂模型的能力优于传统逐步回归法。另一方面，意味着损失厌恶在整个过程中的不同作用分析，需考虑更深层因素。具体地，投入创业虽面对未知损失带来的失败恐惧，但这种恐惧也会转变成激励力，尤其对有野心和远大抱负的人而言（何良兴和张玉利，2020），他们创立企业虽可能失败，但成功的巨大诱惑会被建构为良好收益，这种力量激励他们投入创业活动（何良兴和张玉利，2020；Morgan and Sisak，2016），是对"初生牛犊不怕虎"的生动体现。而且，根据初期"创业意愿与行为决策访谈"（附录 A）内容也可以发现，尽管一些受访者担心创业投入失败造成的损失，但他们仍然对创业前景抱有信心，倾向应用可承担损失启动创造性思维，通过低成本试验使创业目标涌现。

本章的研究基于损失厌恶角度，探索了损失认知对创业意愿与行为投入差异的具体影响机制，其研究贡献如下。

将前景理论核心内容繁衍至创业研究领域，拓展行为阶段理论边界，丰富创业研究理论空间。现有创业研究中，基于行为阶段理论的探索较少，主要集中在不同创业意愿类型的地位和作用探讨上，且有关研究发现存在矛盾之处（Gielnik et al.，2014；Adam and Fayolle，2015；van Gelderen et al.，2018）。对此，本章进一步探索不同创业意愿发挥作用的边界条件，深入揭示执行意愿这一关键环节发挥作用的情境因素，即借鉴前景理论中不确定条件下行为决策的损失认知启发式。最终，损失厌恶表现出不同调节效应，它不仅解释了创业意愿与行为投入差异中间环节的条件，又将前景理论与行为阶段理论连接起来，拓展了行为阶段理论在创业研究中的探索空间。

完善损失厌恶作用内容，为未来探索其具体作用提供新方向。现有损失厌恶作用的揭示主要与参照点有关（Thaler，2016；牛芳等，2012），损失厌恶框架效应表现出的担忧风险、畏惧失败等心理，对创业行为阻碍作用更明显（Hsu et al.，2017）。然而，除参照点外，还应考虑创业行为不同阶段。在新生创业阶段，损失厌恶不同作用状态可以并存，尽管这与前景理论相一致，但其阶段差异也很明显。尤其在执行意愿阶段，个人只聚焦那些和预期目标有关的行动计划时，有远大抱负、雄心壮志的人会将损失当作激励力量，促使其创业成功（Morgan and Sisak，2016），不让损失发生。这意味着，损失厌恶具体影响机制还应考虑个体特征，如个人抱负或期望水平等，为未来研究探索提供了新视角。

上述研究发现对创业管理的实践启示有三个。首先，对潜在创业者而言，创业活动因不确定性存在未知收益和损失难以有效评估的情况，尽管损失厌恶框架效应揭示的内容反映人们趋利避害的天性，但担忧损失也可以成为一种"放手一搏"的激励力。因此，创业活动的未知损失并不可怕，关键在于行动之前明确自己愿意承受的最糟糕情况，努力让自己不要损失太多。利用手上能够立即使用的资源，创造性策划损失最少的下一步行动，当行动成本降低到没有理由不行动时，创业行为就会激发。其次，对创业教育培训机构而言，引导创业活动参与者对未知风险和损失形成更加理性、客观的认识。诚如前述，未知损失并不可怕，关键在于如何认知和应对。因此，相关机构在培养客观认知的同时，还可以探索克服畏惧损失的有效行动逻辑，不断提升个人抱负和期望水平。最后，就创业政策而言，需更加关注容错机制，以塑造宽容的社会文化氛围，减轻人们对损失的担忧和畏惧，从而激励个人积极探索新事业。

当然，本章的研究也存在一定局限。首先，对创业活动不确定情境潜在损失的作用研究，主要围绕感知层面进行考察，即重点关注损失厌恶的调节作用。然而，创业活动面对的不确定环境，不仅涉及个体对情境感知的差异，还涉及客观环境不确定性。后续研究可将不确定性的客观内容整合，更全面探讨创业意愿与行为差异在不确定环境下的具体表现。其次，损失厌恶作用机制存在差异的拐点或情境因素。本章虽揭示了损失厌恶具体作用，但未深入探索其作用存在差异的原因，后续研究可尝试对此进行探索。

第六章

不确定环境下，创业意愿
与行为投入的差异机制

基于行为阶段理论，可以发现，创业意愿转化为创业行为是个人心理准则（动机、意志）和认知逻辑共同作用的结果（Gollwitzer，1990，2012，Heckhausen and Gollwitzer，1987）。具体而言，虽然意志是促进创业动机转变为创业行为的重要因素，但在具体目标落实过程中，个人意志力/执行力受损失认知影响：在目标意愿时（动机阶段），面对未知结果难以估计，多数人会担忧损失，从而影响其朝创业目标前进的行为投入（执行/意志力）。对此，有研究认为，只要能控制损失风险，就能解决创业意愿与行为投入差异这种现象（刘常勇和谢如梅，2017）。效果逻辑（Sarasvathy，2001，2008）也指出，通过可承担损失认知原则，可以使个人在能承受的损失范围内不断试错，不断积累经验、信息和资本，从而不断逼近目标、使结果涌现（Sarasvathy，2001，2008；Dew，2009；Lerner et al.，2018）。

尽管如此，对那些想创业的人而言，创立企业失败率依然很高。因为创业活动面临很强不确定性（张玉利和谢巍，2018；张玉利，2019）：首先，其不确定内生属性明显，人们很难基于预期收益和损失预估未知结果；其次，与收益相比，人们更担忧损失（Thaler，2016）。因此，损失认知启发式对不确定条件下的行为决策发挥重要作用（Luan et al., 2019）。一方面，人们在现有财产或既得收益前景下，更加倾向规避风险，损失厌恶成为行动阻碍；另一方面，在潜在损失前景下，也可能采取冒险行为，以期通过高回报来偿回潜在损失（Morgan and Sisak, 2016）。由此，损失厌恶存在不同作用状态，在创业活动不确定的情境下，这种差异的拐点或因素是什么？

创业活动不确定情境有关研究主要围绕感知层面进行。比如，从感知角度考察损失认知对创业行为决策的作用机制，从感知角度对环境不确定性进行测量（文东华等，2009；彭学兵等，2017；胡海青等，2017）。然而，单纯从感知角度测量环境不确定性，不能完全有效反映不确定性的客观形式。因此，将客观和感知两部分考虑在内，探索不确定性对创业活动的具体影响非常必要。在商业活动中，行业、经济政策对个人或组织的影响非常重要，会促使个人或组织做出相应行为决策（Lutz and Newlands, 2018；Siqueira et al., 2016；Mian et al., 2016；何轩等，2014）。具体到创业情境，创业活动不仅涉及个体对情境感知的差异，还涉及客观环境不确定性，二者结合对个人认知启发式或偏差发挥重要作用，进而影响个人行为决策。基于此，本章将感知不确定性和客观不确定性同时考虑在内，全面探索损失厌恶在创业意愿与行为投入差异机制中的具体表现。

本章仍基于 252 个样本对象，通过 Bootstrap 方法对样本回归模型进行检验分析。研究结果发现：在客观环境不确定性中，经济政策不确定性削弱损失厌恶在创业意愿与行为投入差异机制中的调节作用；感知不确定性对损失厌恶调节作用的调节不成立。可以认为，经济政策不确定性是解释损失厌恶作用机制存在差异的重要因素。研究经济政策的不确定性不仅有助于拓展创业损失分析边界、丰富创业认知理论内容，还有助于勾勒有关不确定活动的完整评价，从中发掘针对性方法，从而有效评估和应对损失。

第一节　研究假设与模型

一、客观不确定调节作用

客观不确定性表示环境要素信息不足或复杂动荡，导致人们难以有效估计未知结果概率（Duncan，1972），是外部环境信息状况导致的认知有限性。在新时代背景下，移动互联迅猛发展，个体或组织可以通过不同端口实现信息互联，这种情况带来的信息多样、选择困难使市场环境更加复杂动荡，从而行业和经济政策不确定要素更加明显。在商业活动中，个体行为决策与行业、经济政策高度相关（Lutz and Newlands，2018；Siqueira et al.，2016；Mian et al.，2016），伴随行业和经济政策不确定要素，个人或组织行为决策要面对新变化、新内容，创业活动也不例外。因此，投入创业活动所面临的客观不确定要素，从行业不确定性、经济政策不确定性两方面进行表征。

行业不确定性表示行业经济状况复杂动荡，导致活动参与者难以有效估计、判断。行业不确定性反映出各行业经济变动趋势难以准确预估，尤其网络普及使创业门槛大幅降低、移动互联促使市场竞争更加激烈（张玉利和何良兴，2017），在此背景下，独角兽、"黑马"、跨界逆袭等新创业现象频出，致使整个行业结构、布局发生重大变化，行业运行状况更难捉摸。对潜在创业者或创业新手而言，想要进入某个目标行业并创立企业，很难凭借现有市场信息对行业前景作出有效估计。因为，面对行业布局变化、重构，潜在创业者很难获取相关信息，也没有太多现有经验、信息以供参考，且意外事件（如跨界颠覆）对行业产生的系统影响难以预料（张玉利和何良兴，2017），更甚者目标市场事先不存在（Sarasvathy，2001，2008），新行业涌现速度较快、相关信息很难获取；即便信息互联带来多样化信息，但个人对信息选择也会表现出被动性、困难性，很难在有限认知下发挥最优决策。因此，在诸多不确定条件下做出行为决策，不确定认知启发式或偏差发挥重要作用（Luan，2019）。

行业不确定性越高，意味着行业经济运营状况越难捉摸。在创业目标意愿阶段，个人往往持相对开放、无偏的心态来处理信息（van Gelderen et al.，2015），思考实现目标潜在的利弊，但在行业不确定甚至目标市场事先不存在情况下，很难全面掌握信息，根据期望效用理论的最终结果状态进行决策难以实现。在该情境下，创业活动收益与风险存在更多不确定性，即便新创公司多数不会失败，但概率至少为50%，与收益相比，个人更担心损失（Thaler，2016），从而损失厌恶情绪更容易滋生。损失厌恶作为害怕创业失败的重要特征，促使个人在高失败成本下规避风险（Morgan and Sisak，2016），理性评估自身创业能力、感知创业风险，更慎重地投入创业活动（Baumeister et al.，2007；van Gelderen et al.，2015）。基于上述分析，提出以下假设。

假设 6 - 1a：行业不确定性强化损失厌恶对创业目标意愿与行为投入的调节效应。即行业不确定性越高，损失厌恶对创业目标意愿与行为投入关系的削弱作用越强。

在创业执行意愿阶段，个人根据想要实现的创业目标，构思如何实现这些目标，围绕具体目标以有偏心态评估、处理信息，并减少接受新信息（van Gelderen et al.，2015）。在该阶段，行动者表现出的意志状态促使其聚焦不同创业活动目标，具体思考、计划在什么情况、何时以及如何实施有关行为活动（Gollwitzer，1990，2012；Heckhausen and Gollwitzer，1987；van Gelderen et al.，2015），但在行业状况不确定的条件下，构思具体计划难以参照既有信息，以期望效用理论提出的最终结果状态为依据进行决策难以实现。在该情境下，不确定条件下的损失认知启发式对创业活动决策发挥重要作用。具体而言，有限理性个体在复杂变动的行业环境下，会表现出对未知损失的担忧，从而因损失痛苦敏感性而减少行为投入，甚至最终放弃（Frese，2009；McKelvie et al.，2011），阻碍个人做出创业行为决策（Morgan and Sisak，2016）。由此，提出以下假设。

假设 6 - 1b：行业不确定性强化损失厌恶对创业执行意愿与行为投入的调节效应。即行业不确定性越高，损失厌恶在创业执行意愿与行为投入作用中的调节作用越强。

经济政策不确定性表示经济或商业活动有关的财政、金融、法律法规等一系列政策不明朗、难以预料（Davis et al.，2019；李凤羽和史永东，2016）。由此可以看出，经济政策不确定性反映相关政策法规变动，对人们评价经济活动宏观要素产生重要影响。伴随网络普及、移动互联技术高速发展，诸多新业态频现（如互联网金融、共享汽车），致使现有经济政策受到诸多挑战，例如行业规范有待确立，市场监管体制、财政政策、市场化利率等新经济政策有待确立（张玉利和何良兴，2017）；加之"大众创业、万众创新"倒逼社会转型、经济体制改革，中央至地方经济政策更加繁杂、差异很大。最终，经济活动参与者获取相关经济政策困难增加、不确定性增大，在此条件下的商业活动决策会更加谨慎。

对创业活动而言，企业的孵化、创新和创业决策与政策法规密切相关（Lutz and Newlands，2018；Mian et al.，2016）。已有研究证实，创业意愿受经济、制度影响（Griffiths et al.，2009；Shinnar et al.，2012），即便创业活动面临经济发展不稳定状况，但如果政策制度完善，创业行为也容易产生。然而，在新业态或行业新活力显现下，新经济政策有待确立或尚不完善。尽管具有目标意愿的个人，以积极开放心态搜集相关信息（van Gelderen et al.，2015）、评价潜在利弊，但他们依据期望效用理论做出决策存在困难，无法凭借既有信息对经济政策不确定性，尤其新经济政策，带来的影响进行准确估计。此时，认知启发式在不确定条件下决策会发挥重要作用（Luan，2019；Thaler，2016；卡尼曼，2016；Kahneman and Tversky，1979）。面对新事物的未知收益和损失，人们更倾向于将既得资产与未知损失相比，从而滋生损失厌恶情绪，这种认知促使个人更加小心、谨慎地评估想要实现的创业目标（Baumeister et al.，2007），尽可能减少行为投入以规避创业损失痛苦（Baumeister et al.，2007；Gable et al.，2000）。因此，据上述分析，提出以下假设。

假设 6-2a：经济政策不确定性强化损失厌恶对创业目标意愿与行为投入的调节效应。即经济政策不确定性越高，损失厌恶对创业目标意愿与行为投入关系的削弱作用越强。

创业意愿向创业行为转化，受诸多个人因素和环境因素影响（Lichtenstein et al.，2007）。在执行创业意愿阶段，行动者在信息搜集和决策时，着重聚焦不同创业活动目标、构思实施计划，但是，新时代背景下经济政策不确定性明显，个人在此条件下执行创业的意愿和行为会受到破坏（van Gelderen，2018）。因为在不确定条件下人们很难预估收益和损失，倾向采取简便快捷的认知启发式（Gigerenzer，2004）——将既有或确定所得构建为收益，将潜在投入构建为损失。由于创业失败率高，且人们对损失痛苦具有敏感性（Thale，2016），损失厌恶这一认知启发式促使个人更加谨慎甚至放弃行为投入（Frese，2009；McKelvie et al.，2011）。综合上述分析，提出以下假设。

假设 6-2b：经济政策不确定性强化损失厌恶对创业执行意愿与行为投入的调节效应。即经济政策不确定性越高，损失厌恶对创业执行意愿与行为投入关系的削弱作用越强。

二、感知不确定调节作用

创业行为作为创业理论研究核心问题，是不确定性承担意愿产生的结果（McMullen and Shepherd，2006）。基于此，麦克伦和谢佛德（2006）从第一人称和第三人称机会角度提出创业行为产生过程。在第一阶段，个人基于外部环境信息识别创业机会（Ardichvili et al.，2003；Baron，2006），是一种第三人称机会评价；在第二阶段，个人基于掌握的知识、资源对这些信息进行评价（Alvarez and Busenitz，2001；Kor et al.，2007），是一种第一人称机会评价。在整个过程中，信念和期望发挥关键作用（McMullen and Shepherd，2006），不同机会评价是个人对外部环境信息进行主观感知的生动体现。

创业意愿与行为投入也表现出期望和信念要素的相互配合。在创业目标意愿阶段，个人基于外部信息评价想要实现的创业目标，是一种目标期望；在创业执行意愿阶段，个人聚焦关键信息，构思行动计划，是一种实施信念。在不同阶段，如果创业群体表现出较高的不确定性承担意愿，其创业行为投入也会较高（McMullen and Shepherd，2006），但实际上个人对不确定的感知和承担动机存在不同，其行为表现也存在很大差异。当个人在评价不同机会时，复杂动荡的外部环境信息使其对未知结果的把握、自信存在不足（张玉利和何良兴，2017），加之有限的注意力和计算能力，使人们无法计算所有结果状态，只能通过认知启发式决定行为决策。具体而言，不确定风险导致人们对创业行为产生"怀疑感"（Lipshitz and Strauss，1997），损失痛苦的敏感性使个人信念动摇。因此，根据外部信息感知创业环境，不确定条件下损失认知启发式对个人行为投入具有重要影响。由此，提出以下假设。

假设6-3：损失厌恶对创业意愿与行为投入的调节作用，受感知不确定性调节。

根据上述假设，本章构建了"不确定环境与创业意愿-行为投入差异机制模型"，见图6-1。

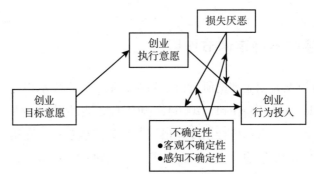

图 6-1　不确定性环境与创业意愿-行为投入差异机制模型

第二节　实证分析结果

一、同源方法偏差分析

本章对于同源方法偏差的规避，依旧借鉴波德萨科夫等（2003）提出的保障措施。具体有：从不同来源获取变量测量指标，客观内容通过行业数据库、政策跟踪数据库获取，主观部分通过问卷评价获取；不确定性评价尺度采取不同于因变量的评价尺度进行评价；进一步明确抽象条目、避免模糊表述，例如，在不确定评价中，将经济因素重要程度进一步明确为利率、外贸、就业、经济增长等因素，将社会文化因素进一步明确为社会价值观、职业道德、人口发展趋势等因素；保持问卷的语言简洁明了、结构布局层次交叉分明、题目形式多样等。

除上述措施外，最为客观的是通过统计分析，验证是否存在同源方法偏差问题，即采用哈曼单因素分析方法（Podsakoff et al., 2003）。最终，对本章所采用的变量进行检验，主要研究变量共提取 10 个因子，累计解释力度在 51.043%，结果显示，其中最大解释力度的一个因子为 18.550%。由此可以看出，既不存提取唯一一个因子的情况，也不存在多个因子中单个因子解释力度过大的情况。因此，可以认为不存在严重的同源方法偏差问题。

二、描述性统计与相关性分析

本章研究中，变量的均值、标准差和相关系数分析见表 6-1。可以

表6-1　变量均值、标准差与相关性分析

变量	均值	标准差	1	2	3	4	5	6	7	8	9	10	11	12	13
1. 性别	1.492	0.501	1												
2. 年龄	33.143	6.969	-0.115	1											
3. 教育水平	1.849	0.498	-0.021	0.002	1										
4. 收入	2.294	0.748	-0.079	0.276***	0.034	1									
5. 职业年限	3.605	2.679	-0.136	0.483***	-0.005	0.254***	1								
6. 风险意识	3.976	0.362	-0.001	0.010	0.030	0.052	0.062	1							
7. 目标意愿	3.865	0.625	-0.034	0.070	0.060	0.130**	0.128	0.066	1						
8. 执行意愿	3.860	0.764	-0.163***	0.107	0.035	0.079	0.120	0.102	0.618***	1					
9. 行为投入	4.565	1.039	-0.024	0.020	0.036	0.162**	0.120	0.087	0.561***	0.590***	1				
10. 损失厌恶	3.941	0.692	0.022	0.080	-0.038	-0.055	0.061	0.014	0.143**	0.199***	0.062	1			
11. 感知不确定性	70.404	22.168	0.104	0.019	-0.051	0.064	-0.056	0.062	0.494***	0.408***	0.443***	0.272***	1		
12. 行业不确定性	0.153	0.872	-0.009	0.052	0.029	0.029	-0.012	-0.011	-0.018	-0.029	-0.034	-0.106	0.043	1	
13. 经济政策不确定性a	16.895	1.920	0.087	-0.314***	0.082	-0.077	-0.123	-0.095	-0.008	-0.055	0.070	-0.029	-0.077	-0.301***	1

注：* 表示 $p<0.1$；** 表示 $p<0.05$；*** 表示 $p<0.01$（双尾检验）；a 表示取平方根。

看出：个别控制变量与主要变量相关，即性别、收入水平与自变量显著相关，收入水平与创业行为显著相关，年龄与经济政策不确定性负相关（$r = -0.314$，$p < 0.01$），一定程度说明个体差异的潜在影响很小；在主要研究变量中，目标意愿与执行意愿、创业行为投入和损失认知正相关显著外，与感知不确定性也正相关（$r = 0.494$，$p < 0.01$）；执行意愿与感知不确定性也存在显著正相关关系（$r = 0.408$，$p < 0.01$）；感知不确定性与损失厌恶、行为投入均呈显著正相关（$r = 0.272$，$p < 0.01$；$r = 0.443$，$p < 0.01$）。据此初步判断，因变量与自变量、调节变量之间的相关性具有一定的显著性，研究假设合理，为后续深入分析变量间关系提供了良好基础。另外，所有显著性的相关系数多数在 0.5 以下，初步认为变量间不存在严重共线性问题。

三、信度和效度检验

表 6-2 给出变量的信度、效度检验结果。

表 6-2　　　　　　　　感知不确定性信度、效度检验结果

维度	条目	因子载荷	平均方差变量提取量	信度	总体信度
重要程度	竞争者的重要程度	0.626	0.506	0.700	0.877
	顾客的重要程度	0.632			
	技术的重要程度	0.676			
	各级政府部门监管政策的重要程度	0.716			
	经济因素（如利率、外贸、就业、经济增长等）的重要程度	0.828			
	社会文化（如社会价值观、职业道德、人口发展趋势等）的重要程度	0.767			

续表

维度	条目	因子载荷	平均方差变量提取量	信度	总体信度
变动/动态程度	竞争者随时间的变动程度	0.720	0.547	0.740	0.877
	顾客随时间的变动程度	0.627			
	技术随时间的变动程度	0.809			
	各级政府部门监管政策随时间的变动程度	0.870			
	经济因素（如利率、外贸、就业、经济增长等）随时间的变动程度	0.783			
	社会文化（如社会价值观、职业道德、人口发展趋势等）随时间的变动程度	0.590			
复杂程度	竞争者的复杂程度	0.620	0.514	0.693	
	顾客的复杂程度	0.517			
	技术的复杂程度	0.830			
	各级政府部门监管政策的复杂程度	0.798			
	经济因素（如利率、外贸、就业、经济增长等）的复杂程度	0.770			
	社会文化（如社会价值观、职业道德、人口发展趋势等）的复杂程度	0.716			
	重要性	0.945	0.940	0.867	—
	变动性/动态性	1			
	复杂性	0.963			

注：其他主要变量的信度、效度，在前述章节已给出，此处未重复列示。

　　表6-2内容显示，感知不确定性的各维度、总体信度基本在0.7以上，具有良好信度（Nunnally，1978；Nunnally and Bernstein，1994）；复杂度信度虽为0.693，但接近0.7，且满足条目数量少于6个时，信度系数大于0.6（Fayers and Machin，2002）。在效度判断中，各维度的平均方差变量提取量大于0.5，多数条目因子载荷大于0.7，满足理想状况（ex-

cellent）（Fornell and Larcker，1981；Hair et al.，2013），少数条目低于
0.7 但高于 0.55，题项的总体质量好（Comrey and Lee，1992）；三个维度
因子载荷均高于 0.7 且平均方差变量提取量大于 0.5。总体而言，感知不
确定性区别效度可以接受。

四、数据分析方法与结果

（一）分析方法与回归模型

本部分研究的样本回归模型为：

$$Ent\_action = \beta_0 goal + \beta_1 imp + \beta_2 loss + \beta_3 uncertainty_i + \beta_4 goal \times loss$$
$$+ \beta_5 imp \times loss + \beta_6 goal \times uncertainty_i + \beta_7 imp$$
$$\times uncertainty_i + \beta_8 loss \times uncertainty_i + \beta_9 goal \times loss$$
$$\times uncertainty_i + \beta_1 0 imp \times loss \times uncertainty_i$$
$$+ \sum_i \beta_i control_i + \mu$$

其中，Ent_action 表示创业行为投入，$goal$ 表示创业目标意愿，imp 表示创
业执行意愿，$loss$ 表示损失厌恶，$uncertainty_i$ 分别表示行业不确定性
（$prft$）、经济政策不确定性（epu）和感知不确定性（pu），变量间乘积项均
表示交互项，$control_i$ 表示控制变量（$gender$ 表示性别、age 表示年龄、edu
表示教育水平、$tenure$ 表示任职年限、$income$ 表示收入水平、$risk$ 表示风险
意识），μ 表示随机误差项。鉴于变量间作用机制分析除涉及有调节的中介
效应外，还涉及对调节变量的调节作用，传统逐步回归难以分析复杂模型，
而 Bootstrap 以其丰富的模型验证、简便的运行程序得到广泛关注和应用
（何良兴，2017；Hayes，2017；Zhao et al.，2010；Preacher et al.，2007）。

在检验过程中，一般都假定是最优线性无偏的（陈强，2014）。但这
属于理想状态，为确保回归模型不存在有偏、不稳健问题，仍需对样本回
归模型先进行计量问题分析和稳健性检验。计量问题分析包括共线性、自
相关、异方差检验等方法；稳健性检验则通过替换变量形式、分组检验、
内生性检验、样本选择偏差检验等方法实现。

首先，多重共线性检验。除通过变量间相关系数简单判断外，还可使
用方差膨胀因子（VIF）进行判断。具体而言，考虑行业不确定性时，所

有解释变量中的 VIF 均值为 3.26，最大值为 9.59，均小于 10。考虑经济政策不确定时，所有解释变量的 VIF 均值为 1.72，最大值为 2.86，均小于 10；考虑感知不确定时，所有解释变量的 VIF 均值为 1.82，最大值为 2.60，均小于 10。三种情况下，VIF 均满足标准，意味着样本回归模型不存在严重多重共线性问题，也进一步证实了描述性统计中根据相关系数所做的初步判断。

其次，异方差检验。异方差检验可通过怀特检验方法，若异方差存在，则可以采取加权最小二乘法（陈强，2014）。在本章中，首先，以行业不确定性作为不确定性变量，分析是否存在异方差。结果显示，样本回归模型 $\chi^2(145) = 145.67$，$p = 0.469$，即异方差不显著。其次，以经济政策不确定性作为不确定性变量，检验异方差问题。结果表明：样本回归模型 $\chi^2(145) = 147.32$，$p = 0.431$，异方差不存在。最后，以感知不确定性为不确定性代理变量，检验是否存在异方差。结果与经济政策不确定性代理变量一致，即 $\chi^2(145) = 147.22$，$p = 0.433$，不存在异方差问题。

（二）研究结果

样本回归模型不存在多重共线性、异方差等问题，因此，直接通过 Bootstrap 对初始模型进行回归分析。

首先，以行业不确定性为不确定性代理变量，分析其对损失厌恶在创业意愿与行为投入调节关系中的具体作用，见表 6 - 3。结果表明，控制变量中只有年龄对创业行为投入存在显著关系（$\beta = -0.116$，$p = 0.073$），可以认为受访者基本特征差异对结果变量产生的系统差异很小；主效应中，损失厌恶与目标意愿交互项显著（$\beta = 0.171$，$p = 0.041$），但交互项行业不确定性与损失厌恶、目标意愿乘积不显著（$\beta = -0.154$，$p = 0.649$），即行业不确定性对损失厌恶调节目标意愿与行为投入关系的强化作用未得到证实，假设 6 - 1a 不成立；损失厌恶与执行意愿交互项作为主效应不显著（$\beta = -0.100$，$p = 0.238$），交互项行业不确定性与损失厌恶、执行意愿乘积不显著（$\beta = 0.115$，$p = 0.541$），即行业不确定性强化损失厌恶在执行意愿与行为投入关系中的调节作用未得到支持，假设 6 - 1b 不成立。而且，在整个模型中，行业不确定性对有调节中介（损失厌恶调节执行意愿的中介作用）模型的调节效应指标不显著，其置信区间为

（-0.357，0.392），包含0。

表6-3　行业不确定性、损失厌恶与创业意愿-行为投入关系检验

变量	系数	标准误	T值	P值	置信区间下限（LLCI）	置信区间上限（ULCI）
constant	0.145	0.059	2.438	0.016	0.027	0.262
imp	0.433***	0.085	5.123	0.000	0.266	0.600
goal	0.271***	0.083	3.286	0.001	0.108	0.435
loss	-0.003	0.064	-0.045	0.964	-0.129	0.123
prft	-0.080	0.136	-0.591	0.555	-0.349	0.189
loss × prft	0.048	0.162	0.297	0.767	-0.272	0.369
imp × loss	-0.100	0.084	-1.184	0.238	-0.266	0.067
imp × prft	0.086	0.158	0.541	0.590	-0.228	0.399
imp × loss × prft	0.115	0.187	0.613	0.541	-0.255	0.484
goal × loss	0.171**	0.083	2.066	0.041	0.007	0.335
goal × prft	0.199	0.263	0.757	0.450	-0.322	0.720
goal × loss × prft	-0.154	0.337	-0.456	0.649	-0.820	0.512
gender	0.089	0.054	1.643	0.103	-0.018	0.197
age	-0.116*	0.064	-1.808	0.073	-0.243	0.011
edu	0.027	0.056	0.475	0.636	-0.084	0.137
tenure	0.105	0.066	1.594	0.113	-0.025	0.236
income	0.022	0.059	0.365	0.716	-0.096	0.139
risk	0.006	0.058	0.101	0.920	-0.108	0.120
Model Summary	F	7.957***		—		

不同调节水平组合下 X→Y 的间接效应						调节的中介效应指标			
prft	loss	Effect	Boot SE	BootLLCI	BootULCI	index	SE（Boot）	BootLLCI	BootULCI
低	低	0.289	0.264	-0.208	0.793	0.062	0.192	-0.357	0.392
高	低	0.274	0.323	-0.278	0.906	—			
低	高	0.092	0.156	-0.183	0.451				
高	高	0.267	0.152	-0.077	0.547				

注：* 表示 $p<0.1$；** 表示 $p<0.05$；*** 表示 $p<0.01$（双尾检验）。

其次，以经济政策不确定性为代理变量，验证其在有调节中介模型（损失厌恶调节执行意愿的中介作用）中的调节效应。结果表明（见表6－4），控制变量中性别与创业行为投入关系显著（$\beta = 0.100$，p ＝ 0.060），可以认为受访者基本特征带来的系统差异很小；主效应损失厌恶与目标意愿交互项显著（$\beta = -1.495$，p ＝0.027），交互项经济政策不确定性与损失厌恶、目标意愿乘积显著（$\beta = -0.084$，p ＝0.047），表明经济政策不确定性进一步削弱损失厌恶的负向调节作用，经济政策不确定性强化损失厌恶对创业目标意愿与行为投入的调节效应得到支持，假设6－2a成立；损失厌恶与执行意愿交互项作为主效应显著（$\beta = -1.899$，p ＝ 0.012），交互项经济政策不确定性与损失厌恶、执行意愿交互项显著（$\beta = -0.112$，p ＝0.016），经济政策不确定性进一步削弱损失厌恶的负向调节作用，经济政策不确定性强化损失厌恶对创业执行意愿与行为投入的调节效应得到支持，假设6－2b成立。在整个过程中，经济政策不确定性对有调节中介（损失厌恶调节执行意愿的中介作用）的调节作用也显著，效应指标为0.060，置信区间为（0.015，0.121），不包含0。

表6－4　　经济政策不确定性、损失厌恶与创业意愿－行为投入关系检验

变量	系数	标准误	T 值	P 值	置信区间下限（LLCI）	置信区间上限（ULCI）
constant	－ 0.772	0.484	－ 1.595	0.113	－ 1.574	0.030
imp	1.875 ***	0.647	2.897	0.004	0.803	2.948
goal	－ 0.147	0.669	－ 0.220	0.827	－ 1.255	0.961
loss	－ 0.500	0.498	－ 1.003	0.318	－ 1.324	0.325
epu	0.053 *	0.028	1.889	0.061	0.007	0.100
loss × epu	0.030	0.030	1.014	0.312	－ 0.019	0.080
imp × loss	－ 1.899 **	0.743	－ 2.554	0.012	－ 3.130	－ 0.667
imp × epu	－ 0.086 **	0.039	－ 2.204	0.029	－ 0.151	－ 0.021
imp × loss × epu	－ 0.112 **	0.046	－ 2.442	0.016	－ 0.187	－ 0.039
goal × loss	－ 1.495 **	0.667	－ 2.241	0.027	－ 2.599	－ 0.390
goal × epu	0.027	0.040	0.664	0.508	－ 0.040	0.093
goal × loss × epu	－ 0.084 **	0.042	－ 2.004	0.047	－ 0.154	－ 0.015

续表

变量	系数	标准误	T值	P值	置信区间 下限（LLCI）	置信区间 上限（ULCI）
gender	0.100*	0.053	1.897	0.060	0.013	0.187
age	-0.069	0.067	-1.035	0.303	-0.180	0.042
edu	-0.014	0.057	-0.241	0.810	-0.109	0.081
tenure	0.084	0.066	1.256	0.211	-0.027	0.194
income	0.019	0.058	0.335	0.739	-0.077	0.115
risk	0.050	0.058	0.860	0.392	-0.046	0.145
Model Summary	F	8.418***			—	

不同调节水平组合下 X→Y 的间接效应						调节的中介效应指标			
epu	loss	Effect	Boot SE	BootLLCI	BootULCI	index	SE（Boot）	BootLLCI	BootULCI
低	低	0.450	0.150	0.228	0.720	0.060	0.032	0.015	0.121
高	低	0.050	0.122	-0.141	0.257				
低	高	0.193	0.105	0.048	0.383		—		
高	高	0.237	0.109	0.077	0.436				

注：* 表示 $p < 0.1$；** 表示 $p < 0.05$；*** 表示 $p < 0.01$（双尾检验）；原指标数值过多大，对 epu 取平方根。

最后，以感知不确定性为代理变量，验证有调节的调节中介效应。表 6-5 表明，管理职位任期对创业行为投入存在显著关系（$\beta = 0.112$，$p = 0.092$），受访者基本特征差异造成的整体系统变异很小；主效应损失厌恶与目标意愿交互项显著（$\beta = 0.218$，$p = 0.017$），但感知不确定性与损失厌恶、目标意愿乘积交互项不显著（$\beta = -0.060$，$p = 0.466$）；损失厌恶与执行意愿交互项作为主效应不显著（$\beta = -0.105$，$p = 0.239$），感知不确定性与损失厌恶、执行意愿交互项也不显著（$\beta = 0.09$，$p = 0.318$），即感知不确定性对损失厌恶调节的强化作用未得到证实，假设 6-3 不成立。同样，感知不确定性对调节中介模型的调节效应不显著，其置信区间为（-0.065, 0.178），包含 0。

表 6 – 5　　感知不确定性、损失厌恶与创业意愿 – 行为投入关系检验

变量	系数	标准误	T 值	P 值	置信区间下限（LLCI）	置信区间上限（ULCI）
constant	0.173	0.067	2.595	0.011	0.041	0.304
imp	0.389 ***	0.090	4.305	0.000	0.210	0.567
goal	0.173 *	0.090	1.928	0.056	− 0.005	0.350
loss	− 0.043	0.071	− 0.604	0.547	− 0.183	0.097
pu	0.208 **	0.085	2.454	0.015	0.040	0.376
loss × pu	− 0.027	0.081	− 0.333	0.740	− 0.188	0.134
imp × loss	− 0.105	0.089	− 1.183	0.239	− 0.281	0.071
imp × pu	0.037	0.087	0.419	0.676	− 0.136	0.209
imp × loss × pu	0.091	0.091	1.003	0.318	− 0.089	0.271
goal × loss	0.218 **	0.090	2.421	0.017	0.040	0.396
goal × pu	− 0.114	0.083	− 1.368	0.174	− 0.279	0.051
goal × loss × pu	− 0.060	0.083	− 0.732	0.466	− 0.223	0.103
gender	0.083	0.057	1.456	0.148	− 0.030	0.195
age	− 0.094	0.065	− 1.446	0.151	− 0.224	0.035
edu	0.038	0.057	0.668	0.505	− 0.074	0.150
tenure	0.112 *	0.066	1.699	0.092	− 0.018	0.241
income	0.028	0.059	0.474	0.636	− 0.089	0.144
risk	0.014	0.057	0.238	0.812	− 0.100	0.127
Model Summary	F	8.333 ***			—	

不同调节水平组合下 X→Y 的间接效应					调节的中介效应指标			
epu	loss	Effect	Boot SE	BootLLCI	BootULCI	index	SE（Boot）	BootLLCI	BootULCI
低	低	0.280	0.147	0.026	0.621	0.049	0.061	− 0.065	0.178
高	低	0.236	0.138	− 0.038	0.501				
低	高	0.099	0.131	− 0.150	0.393		—		
高	高	0.223	0.072	0.094	0.383				

注：* 表示 p < 0.1；** 表示 p < 0.05；*** 表示 p < 0.01（双尾检验）。

五、稳健性检验

在上述研究假设检验中，经济政策不确定性的调节作用显著存在。因此，本部分稳健性检验主要围绕这一假设展开。

（一）内生性检验

意愿与行为关系影响因素既涉及动机、认知要素，还涉及客观环境因素（Ajzen，2009；李雯和夏清华，2013；Gielnik et al.，2014；van Gelderen et al.，2015；Christopher and Michael，2014）。尽管本章在研究中对上述因素均有考虑，但仍存在变量忽略问题，加之创业活不确定情境具有内生性——创业行为会诱发环境不确定性（McMullen and Shepherd，2006），这些均可能导致内生性问题（王宇和李海洋，2017），因此有必要进行内生性检验。

由于样本回归模型不存在异方差问题，可采取传统豪斯曼检验方法判断内生性是否存在（陈强，2014；Wooldridge，2013）。对此，假设经济不确定性为内生变量，检验结果表明，$\chi^2(1) = 1.44$（$p = 0.230$），意味其内生性不成立。

（二）变量替换

首先，以贸易政策不确定性替代经济政策不确定性。贸易政策或趋势变动作为反映经济状况的主要内容之一，其测量指标同样从经济政策不确定指数数据库获取。以该测量方法得到的数据结果表明：主效应损失厌恶与目标意愿交互项显著（$\beta = -1.584$，$p = 0.011$），交互项贸易政策不确定性与损失厌恶、目标意愿乘积显著（$\beta = -0.068$，$p = 0.014$），结果与初始假设显著性一致；损失厌恶与执行意愿交互项作为主效应显著（$\beta = -2.710$，$p = 0.000$），交互项贸易政策不确定性与损失厌恶、执行意愿交互项显著（$\beta = -0.114$，$p = 0.000$），贸易政策不确定性进一步削弱损失厌恶的负向调节作用，与初始假设验证相一致。在整个过程中，贸易政策不确定性对有调节中介（损失厌恶调节执行意愿的中介作用）的调节作用也显著，效应指标为0.060，置信区间为（0.028，0.114），不包含0。因此，初始假设结果显著性稳健。

其次，以经济新常态[1]时段内（2015~2020 年）的经济不确定性数值替代原有测量数值。最终结果显示：主效应显著（$\beta_{goal \times loss} = -2.218$，p = 0.013；$\beta_{imp \times loss} = -3.787$，p = 0.000），交互项显著（$\beta_{goal \times loss \times epu} = -0.128$，p = 0.016；$\beta_{imp \times loss \times epu} = -0.217$，p = 0.000），与初始结果作用相似；在整个过程中，对调节的中介模型进行的调节效应也显著存在，效应指标为 0.114，置信区间为（0.048，0.217），不包含 0。因此，原有结果显著性稳健。

（三）分组检验

在本章，变量来源渠道由受访者主观评价和客观指标构成。尽管在调查中，我们尽可能关注细节问题、将一些关键变量客观化，但仍可能存在受访者回顾造成的回溯性偏差（Shepherd and Zacharakis, 2018），因此需验证是否存在回溯偏差对关键变量造成显著影响（Colombo and Piva, 2019）。

由于回溯涉及时间以及状态稳定性问题，因此，本章考虑以 2015~2020 年时段内不同地区间经济不确定指数进行比较分析。首先，时间间隔（5 年）与经济政策不确定性存在高度相关，相关系数为 -1；其次，自中央 2014 年 12 月提出"经济新常态"以来，经济发展政策出现诸多以往未曾有过的新变化；最后，经济政策存在明显地区差异，例如北京、上海、广东、江浙和天津、山东、辽宁地区因区位和经济活跃度差异，经济政策自然也存在诸多差异。最终结果如表 6-6 所示。

表 6-6　　　　　　　　　分组检验结果（T 检验）

比较项目	5 年（含）内不同地区分组				稳定性均值（3.47）分组				家庭创业经历分组			
	均值差异		方差齐检验		均值差异		方差齐检验		均值差异		方差齐检验	
	T 值	P 值	F 值	P 值	T 值	P 值	F 值	P 值	T 值	P 值	F 值	P 值
经济政策不确定性	0.726	0.469	0.485	0.487	-0.618	0.537	0.550	0.594	0.408	0.684	2.625	0.106

[1] "经济新常态"由中央经济工作会议于 2014 年 12 月提出，因此本章从 2015 年 1 月起考虑。

续表

比较项目	5年（含）内不同地区分组				稳定性均值（3.47）分组				家庭创业经历分组			
	均值差异		方差齐检验		均值差异		方差齐检验		均值差异		方差齐检验	
	T值	P值	F值	P值	T值	P值	F值	P值	T值	P值	F值	P值
创业行为投入	1.661	0.100	0.006	0.940	1.340	0.181	0.045	0.832	-0.074	0.941	0.559	0.455

由表6-6的结果可以看出，两组间经济政策不确定性、创业行为投入不存在显著差异，可以判定不存在严重回溯偏差问题。另外，经济政策不确定性反映到个人相关的创业活动，家庭创业经历则比较直接，因此，以家庭创业经历有无分组，检验结果显示同样不存在显著差异。除T检验外，还进行了分组回归以验证初始假设稳健性。意愿到行为之间间隔越久，对外部环境感知越深刻。因此，以3.5年时间间隔和7年时间间隔为两组进行分析。首先，第一组检验结果显示：主效应显著（$\beta_{goal \times loss} = -1.151$，p=0.009；$\beta_{imp \times loss} = -0.936$，p=0.021），交互项显著（$\beta_{goal \times loss \times epu} = -1.414$，p=0.005；$\beta_{imp \times loss \times epu} = -1.019$，p=0.025）。其次，第二组检验结果显示：主效应显著（$\beta_{goal \times loss} = -13.321$，p=0.000；$\beta_{imp \times loss} = -2.765$，p=0.002），交互项显著（$\beta_{goal \times loss \times epu} = -22.251$，p=0.000；$\beta_{imp \times loss \times epu} = -8.860$，p=0.001）。可以看出调节变量作用和显著性与初始假设相一致。

第三节　研究讨论

本章将客观不确定性和感知不确定性综合考虑，构建了"不确定性环境与创业意愿-行为投入差异机制模型"，探讨了不确定环境下创业意愿与行为投入差异原因机制的具体表现。研究结果表明：客观环境不确定时，经济政策不确定性对创业意愿与行为投入差异原因机制的作用明显，行业不确定性的作用不显著；外部环境复杂变动时，个人感知不确定性对创业意愿与行为投入差异原因机制的作用不明显。根据研究结果，有如下结论。

首先，客观环境对个人创业行为投入的影响，经济政策不确定性更显著。与行业不确定性相比，经济政策不确定性作用显著存在，表明相关创业政策对创业活动影响更加明显，多数参与者对有关政策不确定性评价趋于一致，即负面态度。商业活动参与者都会受经济政策复杂性、变动性影响，在较集中的社会经济体制、不确定性规避和规范的社会文化下，人们对未知情况的评价趋于保守。虽然行业不确定性诱发潜在创业者感知更多未知风险、减少创业行为投入，但不同行业的创业成功案例也会带来示范效应、产生正向激励。因此，不同行业中不同案例带来的负面或正面作用，使人们对创业活动产生截然相反评价，从而行业不确定性作用不明显。这也意味着，潜在创业者对经济政策不确定性的评价差异小于行业不确定性。

其次，客观不确定性作用比感知不确定性作用显著。创业活动面临强不确定性（张玉利和谢巍，2018；张玉利，2019），既涉及个体的情境感知差异，又涉及复杂动荡的客观环境。在创业活动中，人们很难基于现有信息评估未知收益和损失，而且创业结果不确定性因个人的尝试、探索过程具有内生性。此时，客观环境展现出的不确定性更加客观、实在，使未知损失认知评价差异小于感知不确定性造成的系统差异。

最后，经济政策不确定性是解释损失厌恶作用差异的重要因素。具体而言，经济政策不确定时，损失厌恶在创业意愿与行为投入差异机制中的调节作用得到强化。如果不考虑情境因素，损失厌恶负向调节目标意愿与行为投入关系、正向调节执行意愿与行为投入关系。在创业活动不确定情境中，就感知层面而言，损失厌恶作用差异并不显著存在；就客观层面而言，经济政策不确定性解决了损失厌恶作用差异问题——损失厌恶均负向调节目标意愿、执行意愿与行为投入关系，且经济政策不确定性强化了这一作用。

本章研究的主要贡献如下。

首先，完善不确定性测量内容，为创业研究不确定性提供新角度。现有创业研究对不确定性有关探索主要从感知层面进行，比如，从环境要素动态性、复杂性等方面感知环境不确定性（Dess and Beard，1984；彭学兵等，2017；胡海青等，2017），创业活动作用机制探索聚焦个人对客观因素感知所产生的具体作用（和苏超等，2016；胡海青等，2017；彭学兵等，2017）。然而，主观感知对不确定客观形式反映存在偏差。基于此，本章尝试将客观内容考虑在内，更全面地探索创业活动不确定情境下损失厌恶的具体作用机制。研究揭示了经济政策不确定性的重要作用，为未来将不确定性具体形式嵌入创业活动提供了新内容。

其次，拓展损失厌恶适用边界，为其在创业研究中应用提供新空间。在前景理论中，损失厌恶与参照点有关；在创业行为产生阶段，创业目标意愿与行为投入受损失厌恶负向调节，创业执行意愿与行为投入受损失厌恶正向调节。这表明损失厌恶具体作用分析不仅要考虑参照点，还要考虑行为决策不同阶段。本章在考虑不同行为阶段基础上，进一步探索和解决损失厌恶作用状态存在差异的情境因素，这为参照点、行为阶段等因素补充了新内容，即客观环境因素，拓展了损失厌恶理论适用边界。

本章提出创业管理实践启示如下。

首先，对政策制定部门而言，在政策制定过程中，需以系统思维制定清晰明确的创业政策，以改变政策复杂和冗余状况、减少不同政策之间矛盾；还需通过针对性政策建立容错机制，以塑造宽容的创业氛围，降低政策不确定性带来的负面影响。

其次，对创业者或企业而言，需主动探索应对政策不确定性的行动方式。比如，通过不断试验获取信息、快速迭代，将未知情况决策转变为可知情况决策。

笔者尽可能保证研究稳健性，但局限性仍不可避免。首先，部分客观不确定性（行业不确定性和经济政策不确定性）数据均来自二手数据库。其中，2019～2020年行业不确定性数据尚未公布，从而其实际作用结果可能与现有结论存在不同。未来研究可以继续跟踪和补充行业不确定数据，以更准确地检验其实际作用。其次，客观不确定性形式多样，有待进一步完善。考虑当下社会经济体制改革深化、人工智能和大数据带来的行业变革，本章重点关注行业不确定性和经济政策不确定性，未来研究可进一步探索新的不确定形式，以完善客观不确定性内容。

第七章

总结与展望

第一节 研究结果讨论

根据以上研究检验结果，整理出各研究假设验证情况，具体内容见表 7 – 1。

表 7 – 1 创业意愿与创业行为投入研究假设验证情况

研究假设	验证情况	备注
假设 4 – 1：创业目标意愿对创业行为投入具有促进作用	成立	—
假设 4 – 2：创业执行意愿对创业行为投入具有促进作用	成立	—
假设 4 – 3：在创业活动中，目标意愿对行为投入的影响通过执行意愿实现，即创业执行意愿发挥中介作用	成立	—
假设 5 – 1：创业目标意愿对行为投入的积极作用受损失厌恶负向调节	成立	—

续表

研究假设	验证情况	备注
假设5-2：创业执行意愿对行为投入的积极作用受损失厌恶负向调节	不成立	正向调节
假设5-3：创业意愿与行为投入过程中的中介作用受损失厌恶调节，即一种有调节的中介效应	成立	—
假设6-1a：行业不确定性强化损失厌恶对创业目标意愿与行为投入的调节效应	不成立	不显著
假设6-1b：行业不确定性强化损失厌恶对创业执行意愿与行为投入的调节效应	不成立	不显著
假设6-2a：经济政策不确定性强化损失厌恶对创业目标意愿与行为投入的调节效应	成立	—
假设6-2b：经济政策不确定性强化损失厌恶对创业执行意愿与行为投入的调节效应	成立	—
假设6-3：损失厌恶对创业意愿与行为投入的调节作用，受感知不确定性调节	不成立	不显著

根据研究结果可以看出：第一，创业意愿与行为投入关系中介效应模型得到验证，创业执行意愿在整个作用过程中具有关键中介作用；第二，损失厌恶对中介效应模型的调节作用得到验证，即一种有调节的中介模型；第三，将有调节中介模型嵌入不确定环境，客观环境要素对创业意愿与行为投入作用过程的影响更明显。基于上述中间机制和情境因素的研究结果，本书认为：企业创立不仅在于个人想不想做（动机），更在于其愿不愿意做（意志）以及如何去做（认知和执行），并需要将外部环境状况考虑在内。创业意愿与行为投入差异分析机制需综合考虑动机、认知和外部环境要素。

一、创业执行意愿是解释动机与行为差异的重要中介因素

创业意愿与行为投入之间的差异与动机、意志有关，其中个人意志力是重要因素。目标意愿反映个人想实现何种目标，该意愿抓住了个人行为

的动机要素；执行意愿则表示个人实现某种目标的系列行动，反映受意志力支配的目标奋斗。行为阶段理论表明，实现目标的所有阶段是动机和意志力彼此交替的过程。对创业活动而言，新生创业者通过创立企业实现个人抱负或愿望，不仅在于强烈的创业成功愿望，更在于目标奋斗过程。目标奋斗重在解释如何将目标转化为具体行为，尤其调控整个过程（Brandstätter et al.，2003），在实际创业活动中，空有抱负却无实际行动，只能主观判断、盲目乐观，其创业想法最终也会搁置、难以获得相应结果。因此，创业执行意愿是创业目标意愿向行为投入转变的关键要素，如果个人企业创立动机很弱，后续一系列创业活动行为很难维持，甚至自然消退；如果个人只有企业创立想法，并没有行动意志，也很难为创业活动不断投入。

二、损失认知在整个中介过程表现出不同作用状态

在不确定条件下做出行为决策，个人的认知启发式往往发挥重要作用（Luan et al.，2019），这是因为，面对不确定情境，决策者很难遵循预期效用理论并根据结果概率进行计算并作出决策（Kahneman and Tversky，1979；Thaler，2016）。创业活动更是如此。创业需要创造出新市场，然而，新市场创造具有不确定性，此时个体认知有限性发挥明显作用——由于新市场事先不存在，人们无法预先确定应关注哪些与不确定决策和行为结果有关的信息，在面对繁杂信息时，会自动忽略掉一些信息，利用启发式、惯例和直觉等方式对创业活动的未知结果进行评价、决策（Sarasvathy and Dew，2005）。

首先，损失厌恶在创业意愿与行为不同阶段具有不同作用状态。

（1）在创业目标意愿阶段，个人构思想要实现什么目标时，其意愿与行为投入关系被损失厌恶负向调节。这在于：新市场事先不存在，人们无法参照成熟信息并据此准确估算未知结果，个人在该阶段表现的审慎心态（deliberative mindset）——以相对开放、无偏的心态来处理信息（Achtziger and Gollwitzer，2007），并思考潜在目标的利弊（van Gelderen et al.，2015）——导致其评估收益和损失前景时，不愿承担损失或害怕损失超出承受范围，从而减少甚至放弃创业活动投入。

（2）在创业执行意愿阶段，个人关注如何实现目标时，其意愿与行为投入关系被损失厌恶正向调节。这在于：个人在该阶段表现出的实施心态（implemental mindset）（Achtziger and Gollwitzer，2007）——以有偏心态评估、处理信息，并减少接受新信息（van Gelderen et al.，2015）——促使其偏好积极信息，愿意在一定损失范围内先行尝试。一方面，这反映出一定程度的风险偏好；另一方面，反映出对未创立企业的乐观估计，而且，我们在访谈中发现（访谈内容见本书附录 A），半数以上（三分之二）潜在创业者对潜在损失都表现出一定程度的理性乐观，比如，"潜在损失只具有参考意义""创业有失有得，只要满足自己的基本原则，大可尝试"等，因此，损失厌恶的人在预感损失的情况下也可能继续采取行动。不过，随着创业行为投入不断增加，尤其企业创立以后，创业者对创业活动的认知会愈加理性，本书揭示的经济政策不确定性的负面作用就是证明。

其次，损失厌恶的人即便在预感损失后仍可能采取行动、继续投入创业。这一发现不仅与损失厌恶框架效应有关，更与个体承担损失的能力和意愿有关，即可承担损失下的创业行为决策。这种行为决策有助于变未知为已知，使那些具有较高期望和抱负水平的人付出很多精力投入创业行动（Markman et al.，2005；van Gelderen et al.，2018）。这也是假设 5-2 未得到支持（检验结果为正向调节）的重要原因。如果个人在自己能承受的损失范围内，调动、整合可以获得的资源，对产品、服务、运作方式等系列活动进行不断尝试、修正，其真正的目标市场就会最终浮现。这种小步快走、反复迭代的逻辑，诱发创业意愿-行为动态性，具体表现为创业意愿个体行为投入多少的博弈。若损失超出可承受范围，便及时止损、退出创业（Sarasvathy，2001，2008）。这反映出损失认知的负向作用，与损失厌恶对目标意愿与行为投入关系的削弱作用相一致。若能预计良好收益或投入成本依然可以接受，则导致承诺升级，继续对创业活动追加投入。这反映出损失认知的正向作用，与损失厌恶对执行意愿与行为投入关系的促进作用相一致。

最后，损失厌恶在不同行为阶段表现出的作用状态，间接表明其对于可承担损失的重要作用。事实也是如此，具有损失承担能力的人不一定愿意承担损失，损失厌恶是其关键路径，促使可承担损失能力向可承担损失意愿转变。因为创业活动收益不确定且不易估算，损失承担意愿被个人构建为损失（Martina，2020）。这再次表明，创业活动不确定情境下，损失厌恶对创业意愿与行为关系发挥重要作用。总而言之，企业创立的整个过程是行为投入多少交替演进的过程，而演进前提则是创业损失认知（即厌恶损失或承受损失）。

三、经济政策不确定性对创业意愿与行为关系的影响尤为值得重视

损失厌恶在不同创业行为产生阶段表现出的不同作用，意味着其作用机制还需考虑其他因素。诚然，创业活动不确定情境不仅涉及情境感知差异，还涉及客观环境不确定性。因此，将不确定性客观形式考虑进来，更有助于客观、无偏地揭示环境不确定性对创业意愿与行为关系的影响。研究结果证实，经济政策不确定对创业意愿与行为投入差异原因机制具有显著作用，即损失厌恶在整个过程的调节作用被经济政策不确定性调节，经济政策不确定性越强，损失厌恶对整个中介路径的抑制作用越明显。

随着经济政策不确定性增加，在预行动/后决阶段中，损失厌恶负向作用更加明显的原因在于：伴随客观环境要素复杂多变，个人有限理性更加明显，个人注意力、计算能力难以处理繁杂信息，很难凭借现有信息对创业结果做出准确预测；面对已知资产和未知结果，人们更加担心损失，从而减少创业行为投入。

行业不确定性对损失厌恶调节中介模型的作用未得到验证，说明潜在创业者对创业活动面临的不确定性要素进行评价时，更加关注经济政策不确定性的影响。一方面，行业不确定性对经济活动的影响，最终还是由经济政策不确定性传导而来，各行业发展状况受国家经济政策影响明显；另一方面，行业不确定性只关注行业净利润增长率，忽略与其他要素的组合，也成为行业不确定性作用未得到解释的原因。感知不确定性调节作用未得到检验，一方面要考虑其涵盖内容，从竞争者、顾客、技术、政策、经济、社会文化等要素重要性、复杂性和变动性感知不确定性，在一定程度上反映出战略不确定性的内容，然而潜在创业者尚未创立企业，很难谈得上企业战略问题；另外，人们对不确定性表现出的损失厌恶，仍然基于客观因素的有关感知——在头脑中构建一个类似情境并与之比较，以判断

结果感受（Mcgraw et al.，2010），而复杂多变的环境要素使这种感受差异更大，有的表现出更多自信，有的则恰恰相反，两种状态组合使感知不确定性的作用抵消。与此不同，客观环境要素的不确定性是统一存在的，这也导致客观形式的不确定作用比主观感知方面的作用更加明显。

四、研究发现的现实对照

任何行为决策都难免谋篇布局，在复杂动态的市场环境下参与创业更是如此。面对未知创业结果的难以预估，个人参与创业活动的深思熟虑会受到很大挑战，此时，更需要一种朝目标前进的坚定信念，不断迭代和聚焦。本书构建的理论框架与之吻合：首先，在目标意愿阶段，其背后认知模式是一种开放、无偏心态的信息认知（van Gelderen et al.，2015），促使个人深思熟虑潜在创业结果；其次，在执行意愿阶段，其背后认知模式是一种有偏心态（van Gelderen et al.，2015），促使个人聚焦关键信息，构思朝目标前进的行动计划；最后，为实现目标而不断投入时，人们会担忧不确定环境蕴藏的潜在损失，但其创业期望或抱负会促使他们做出风险承担决策，表现出"向死而生"的坚定信念。

中国传统文化中的善败思维——谋定而后动、知耻而后勇，即事先深思熟虑、事中小心试探、败后快速总结、重整旗鼓，也是对整个逻辑过程的很好概括。对此，现实活动也有生动写照。码尚（MatchU）从一个濒临倒闭的初创企业发展到融资过亿的创业公司，该创业公司将创业意愿聚焦到"互联网＋服装"，围绕这一创意尝试了许多探索方案，2016 年底他们尝试利用 AI 技术打造在线定制平台，最初以西装切入市场并不理想，后来将目标聚焦到衬衫才有效撬动市场，2018 年公司发展进入高速增长阶段。

第二节　研究贡献与创新点

创业研究对传统管理理论提出了新挑战，尤其在市场环境不确定性凸显的背景下，如果参与创业活动仅依靠传统管理思维，创业决策会面临诸多困境。比如，创业活动不确定情境内生，导致人们很难利用期望效用理论准确估计结果概率、做出有效决策；资源约束导致人们很难组合满足目标导向的所有资源。因此，对不确定环境下创业认知研究提炼理论观点并与既有理论对话，有助于拓展和完善现有理论。与其他研究相比，本书的研究特色有：第一，由注重创业意愿与行为一致性研究向不一致性（discrepancy）研究转变；第二，组合个人动机、意志和认知要素，更全面地揭示创业意愿与行为不一致性的作用机制；第三，二手数据与一手数据相结合表征不确定性，以降低不确定性主观评价偏差，更客观、无偏地反映不确定环境对创业活动的影响。进而提炼出本书的贡献和创新之处如下。

一、以创业意愿与行为投入差异，探索创业意愿与行为关系研究新内容

现有研究着重解释创业意愿对创业行为的预测作用，围绕创业意愿与行为一致性模型展开了诸多代表性研究。以计划行为理论或创业事件模型为基础，探索认知因素对创业意愿与行为关系的解释作用（Krueger，1993；Liñán and Chen，2010；李雯和夏清华，2013）；比较二者差异（Krueger，2000），整合二者并综合探索认知因素对创业意愿与行为关系的预测作用（Schlaegel and Koenig，2014）。然而这些研究存在不足，即对创业意愿与行为关系只提供了部分解释，忽略了创业意愿与行为差异性，不能勾画创业意愿与创业行为关系的完整图景。

创业意愿不必然转化为创业行为（van Gelderen et al.，2015）。本书尝试从创业意愿与行为投入差异角度，揭示创业意愿与行为落差这一现象，通过这一研究分支突破创业意愿与行为一致性的理论探索，促进关注焦点向创业意愿与行为差异性探索转变，引导人们勾勒创业意愿与行为关系研究的完整图景。尽管创业意愿与创业行为差异的初步探索取得部分成果，但其研究发现存在明显不一致甚至矛盾的地方，比如目标意愿对实施意愿具有预测作用 VS. 目标意愿对实施意愿具有调节作用（Gielnik et al.，2014；van Gelderen et al.，2018）。这意味着现有研究模型存在值得进一步探索的空间。本书综合了动机、意志、认知和不确定性要素，为创业意愿与行为差异性探索提供一种新的分析机制，以深化创业意愿与行为差异研

究。具体而言，以行为阶段理论为基础，将目标意愿、执行意愿与个体损失认知组合，深入探索创业意愿与行为投入差异原因机制。研究发现个人执行意志在这一差异中具有重要作用，既有助于弥补现有研究主要关注创业意愿与行为一致性的不足，又有助于启发探索创业意愿与行为决策差异的新内容。

二、以损失厌恶作为损失认知重要形式，深化创业研究理论空间

在不确定条件下进行行为决策，认知启发式的作用更加明显（Luan et al.，2019），因此，前景理论要比预期效用理论更加适用（Kahneman and Tversky，1979）。尽管以往研究有探索前景理论在创业研究中的作用，但主要围绕前景理论整体内容讨论（牛芳等，2012），针对性考虑创业活动不确定情境的潜在内容不足。为弥补这一不足，本书尝试将前景理论的核心内容之一——损失厌恶，作为损失认知启发式的重要形式，探索其在创业意愿与行为决策机制中的重要作用。

首先，以损失厌恶深化前景理论在创业研究中的应用空间。创业活动结果具有很大不确定性，基于此，研究指出损失厌恶成为人们不愿参与创业或阻碍创业行为的重要原因（Thaler，2016；牛芳等，2012；Hsu et al.，2017），但相关研究并未揭示该认知启发式对创业行为决策的具体影响机制。本书发现，损失厌恶在创业意愿与行为决策过程中发挥重要调节作用，这不仅为前景理论在创业研究中的应用提供了新内容，也丰富了损失认知启发式的探索空间。

其次，拓展了行为阶段理论在创业研究中的适用边界。本书发现导致创业意愿与行为投入差异的中介机制在损失厌恶调节下具有不同的作用状态：第一阶段具有负向调节效应，第二阶段则具有正向调节作用。这意味着，行为阶段理论在创业研究中存在适用边界，在分析创业意愿与行为关系时，需考虑认知作用在不同阶段的具体表现。行为阶段理论具有计划特征，然而这种特征嵌入创业活动不确定情境则面临挑战：未来的不确定，让人们很难基于现有信息制订计划方案。因此，损失厌恶作为不确定未来的题中之义，为行为阶段在创业研究中的应用赋予了适用边界。研究发现

超越了传统理性决策，聚焦于认知有限性决策——损失认知启发式，为分析创业行为决策提供了新视角，有利于丰富前景理论应用空间、拓展行为阶段理论适用范围，进而为创业研究探索新的理论空间，启发未来研究更多关注管理决策的有限理性。

三、以客观测量方式启发探索表征不确定性的新形式

损失认知评价的不同作用状态，意味这一混合效应背后尚存其他情境因素。在移动互联、经济体制改革深化背景下，行业和经济政策复杂变动，导致人们对创业活动的潜在损失认知评价存在明显差异。因此，创业活动不确定环境对损失认知评价的具体影响值得探索。

现有创业研究对不确定性作用机制的探索大都从复杂性、动态性角度进行主观评价（Dess and Beard，1984；彭学兵等，2017；胡海青等，2017），并不能客观、无偏地反映客观环境的不确定性。有别于此，本书在考虑感知不确定的同时，从政策和行业两方面获取客观不确定性测量指数，以丰富不确定性测量形式，为创业活动不确定情境研究提供新内容与测量形式。研究结果揭示经济政策不确定性会强化创业意愿与行为差异机制，即经济政策不确定性强化损失厌恶对创业目标意愿与行为投入的调节效应。这表明，在创业研究和实践中经济政策复杂性、变动性尤为值得重视。研究内容一方面有助于弥补现有内容不能完全甚至有偏地反映不确定性客观形式的不足；另一方面，也启发后续研究探索不确定性新形式，以更全面地揭示创业活动不确定现象。

第三节　理论与实践启示

本书将动机和认知因素嵌入不确定性环境，解释了企业创立之前创业意愿个体的行为投入为何存在差异，对未来创业研究和实践具有一定价值。

一、对研究创业管理理论的启示

首先，本书以损失厌恶表征损失认知、以行业、经济政策不确定性表征客观环境不确定性，揭示了损失厌恶和经济政策不确定性在意愿与行为差异中的重要作用。类似地，损失认知和不确定性因素对创业者/创业企业连续创业、甚至国际创业的作用如何，创业认知和环境不确定性的其他方面对创业意愿与行为落差的具体作用机制又是如何，以及不同国家、不同地区间政策不确定性差异对创业活跃度的影响等，都是未来值得深入探索和完善的问题空间。

其次，继续探索创业者特质，补充新特质论的研究内容。创业活动具有高不确定性，甚至目标市场事先不存在，创业结果不确定性也因个人尝试和探索而存在内生性。在这样的不确定条件下作出行为决策，认知启发式发挥重要作用（Luan et al.，2019）。具体而言，面对未知风险，多数人将损失与收益相比，会更担心损失。本书也证实了个人的损失厌恶对创业意愿与行为投入关系具有调节效应。不过，这种调节作用在不同行为决策阶段的作用状态不同，尤其在行动阶段的正向调节作用。这提示我们，未知损失可能阻碍个人的相应行动，但也可能激发个人斗志。这种现象可能与个人的抱负、期望水平有关（何良兴和张玉利，2020）。因此，不同期望、抱负水平的人，其认知模式对评价创业活动的作用如何？类似问题有助于补充以创业情绪为主要内容的创业者新特质研究。

最后，进一步探索影响创业活动的客观不确定因素。本书的研究结果表明，在不同创业行为产生阶段，参与者的损失认知表现出不同作用状态，但这一作用差异在不确定环境下得到解决，即经济政策不确定性削弱损失厌恶对创业意愿与行为投入的调节效应。不过，需要特别注意的是，损失厌恶的具体调节效应在行业不确定和感知不确定条件下并不显著。这意味着，一方面，经济政策对创业活动的影响尤为重要；另一方面，原有理论模型存在一定局限，需探索其他可能存在的解释，比如，行业不确定性直接调节是否有效？不同类型的不确定要素集合，是否更能解释这一现象？概括而言，面对创业活动不确定情境，客观不确定因素对个体损失认知的作用不可忽视，人们对创业活动表现出的认知模式不能单纯从具体情景出发，还需考虑客观环境因素，如：不同政策类型、不同政策组合对国内创业活动的短期或长期影响如何？除此之外，还有哪些其他客观不确定因素对人们的创业活动投入产生重大影响？

二、对探索创业管理实践的启示

第一，创业目标意愿和创业执行意愿水平较高的潜在创业者，他们采取实际创业行动的概率也较高。因此，较好地理解有关创业意愿与行动的心理变量，能够对新生创业群体实施更好的培训和支持计划，并最终提高企业创立概率。具体而言，创业孵化器、创业导师和教育机构可以鼓励新生创业者使用执行意愿，更好地投入企业创立过程；当它激发自主行动、帮助对抗焦虑并在整个过程中持续存在时，会增加创业行动和创立企业的可能性。

第二，创业活动未知损失评价影响创业意愿向创业行为转变。这意味着在创业活动不确定情境下，损失认知启发式发挥重要作用。在先决阶段，目标意愿与行为投入受损失厌恶负向调节。对此，新生创业者可采取心理对照方法，将未来状况与当前状态进行对比，并考虑未来可能存在的挫折，从而将其变成具有约束力的目标，对企业创立的行为投入产生积极影响。在后决或预行动阶段，执行意愿与行为投入受损失厌恶正向调节，意味着损失作为一种激励力量，促使那些具有抱负和雄心壮志的人承担风险，此时可培训这部分群体做什么（行动知识）以及如何采取行动（行动计划）。

第三，在不确定环境下，经济政策复杂变动对创业意愿与行为决策的作用更加明显。这意味着经济政策对创业活动影响需得到参与者重视并探索应对措施。对政策制定部门而言，需从整体出发，以系统思维制定相应创业政策并做出清晰解读，从而降低复杂、冗余和矛盾的创业政策；还可通过政策引导建立容错机制，塑造宽容的创业氛围，改善人们对创业失败损失的畏惧心理，从而降低政策不确定性带来的负面影响，提振人们对未来的预期。对于个人而言，可采取控制技术，在能承受的损失范围内小规模尝试，在经验和信息积累过程中提高对政策的全面认识，从而降低不确定性感知，培养应对不确定环境的决策意识。

第四节　研究局限与展望

在创业意愿与行为关系探索中，本书尝试从内生性、分组检验和样本选择偏差等方面对样本回归模型进行稳健性检验。尽管如此，研究内容难免存在不足。

首先，不确定性测量指数问题。不确定性测量形式分主观感知和客观部分两方面。就客观测量形式而言，经济政策不确定性指数部分数据缺失（近两年相关数据尚未披露），尽管我们围绕该指数进行了分组检验，以保证研究结果稳健性，但其偏差仍然存在。未来研究可继续跟踪、完善该指数内容，以补充研究结果稳健性。另外，客观不确定性测量存在多种形式，本书的研究基于当前时代背景——移动互联、人工智能和大数据计算带来的行业变动，深化经济体制改革带来的政策变动，只选取了行业不确定性和经济政策不确定性两个指数。这两个指数还不能完全覆盖客观不确定性内容。未来研究可继续探索客观不确定性新形式、新内容、新测量，以更全面地揭示客观不确定性在创业活动中的重要作用。

其次，受访对象地区覆盖问题。在问卷调查中，本书以创业活跃度为标准，从活跃度较高地区进行抽样，具体包括北上广、苏浙沪、山东、天津、辽宁。这些地区均集中在东部沿海地区且位于主要经济圈内，并未覆盖中部、西南和西北主要城市。随着"大众创业、万众创新"不断深入，武汉、郑州、成都、重庆和西安等城市创业活跃度日益提升。未来研究可以考虑覆盖这些地区以完善调查样本，也可将其与现有地区进行分组，验证研究结果稳健性。

最后，损失应对问题。创业活动具有强不确定性，是否参与创业活动并做出承诺，与个人对创业损失认知评价有关。毕竟，创业结果难以基于现有情况做出概率估计，在既有资产和未知损失之间，很多人担忧创业损失带来的严重后果，从而退出创业。在创业行为产生的不同阶段，损失厌恶表现出不同调节效应，意味着个人虽预感到未知损失的负面影响，但仍可能继续采取行动、投入创业。这可能与个人的损失承担能力、意愿有关，也可能与其抱负、期望水平有关。然而，本书主要探索了损失厌恶在个人创业行为投入差异中的影响机制，并未探索应对未知损失的认知模式和行动原则。未来研究可由此出发，揭示期望和抱负水平存在差异的个体，其损失认知模式表现如何，以及探索解决人们损失厌恶心理的有效行动逻辑。

　　创业道路漫长崎岖，存在很多岔路口，一不小心便可能误入歧途，损失惨重，甚至一败涂地。尤其在面对复杂环境时，这种损失更加难以估量。因此，参与创业活动仅凭实现事业目标的强烈动机还远远不够，任何人都应在创业的道路上慎重再慎重，把握好每一步方向，以坚定意志力执行行动，在行动中不断反思、总结，朝着目标迭代前进。本书通过创业意愿与行为投入差异探索，揭示了不确定性因素、损失认知机制的重要作用，为人们更全面地认识创业活动、应对不确定性提供了重要启发。

附　录

附录 A　创业意愿与行为决策访谈提纲

尊敬的先生/女士：

您好！非常感谢您能在百忙之中接受我们访谈。

本次访谈在于了解个人参与创业活动的意愿与创业行为决策，访谈结果无对错之分，访谈过程不涉及个人隐私。我们郑重承诺，访谈内容只用于学术研究，不作他用。如果您对研究进展感兴趣，可以留下联系邮箱：

————

谢谢！

引导语：

创业是一场不确定之旅。面对不确定背后的未知风险、潜在损失，不同人对其有不同认知评价。有的人敢于尝试、承担风险、创立企业；有的人则担心万一失败会赔上身家财产。对此，我们主要通过访谈，了解您对创业活动不确定性的看法与评价。

第一部分　基本信息

（1）性别：（2）年龄：

（3）教育背景：本科以下　本科　硕士研究生　博士研究生

第二部分　潜在创业者访谈提纲

（1）您创立企业的愿望是否强烈？

（2）如果是，为什么会有强烈的创业愿望？

（3）您认为创业成功的关键因素有哪些？

（4）您如何评价创业活动存在的潜在风险？

（5）您如何评价创业活动存在的潜在损失？

（6）如果创立企业，您最担心出现什么情况？

（7）针对这些潜在的不利情况（风险、损失等），您打算采取什么样的应对办法？

第三部分　创业者访谈提纲

（1）请您回顾一下，您当时创立企业的愿望是否强烈？

（2）为什么会有这么强烈的愿望？

（3）是什么因素促使您做出创立企业的决定？

（4）在创业过程中，您最害怕出现什么情况？

（5）对于创业过程中存在的风险，您如何看待？

（6）对于创业过程中存在的损失，您如何看待？

（7）对于创业过程中存在的风险或损失，您有什么好的控制办法？

附录 B 创业意愿与行为投入差异研究调查问卷

尊敬的先生/女士：

您好！非常感谢您能在百忙之中填写这份调查问卷。

本调查旨在探索个人创业意愿与行为差异性的原因机制。调查内容只用于学术研究，不作他用。我们郑重承诺，填写答案无对错之分，调查中涉及信息将完全保密，不会透露给任何第三方。如果您对研究进展感兴趣，也可以留下联系邮箱：＿＿＿＿＿＿

谢谢合作，祝工作顺利！

第一部分 创业意愿和行为

1. 您在过去产生过创办一家公司的意向吗？

□是，几年前产生：＿＿＿＿＿＿（若是，请继续作答）

□否 （若否，请从第 8 题开始作答）

2. 您当时产生这一意向的强烈程度如何？（"1"表示"一般"；"5"表示"非常强"）

□ 1   □ 2   □ 3   □ 4   □ 5

3. 创业意向从产生到现在，它的变动程度如何？（"1"表示"变动很小"；"5"表示"变动很大"）

□ 1   □ 2   □ 3   □ 4   □ 5

4. 您当时的创业想法是进入哪个行业：＿＿＿＿＿＿

5. 您目前是否根据这一创意注册了企业/公司？

□是，何时注册：＿＿＿年＿＿＿月（请从第 11 题作答）

□否，您打算几个月后注册：＿＿＿月（请继续作答）

6. 请您评价以下具体意向的强烈程度，请根据实际情况在相应数字上画"√"。

创业目标意愿	非常弱 ——————————— 非常强
我曾打算存钱来创办自己的企业	1　2　3　4　5
我曾打算制订一些明确的创业计划	1　2　3　4　5
我曾打算争取一些顾客	1　2　3　4　5
我曾考虑注册企业/取得营业执照	1　2　3　4　5
我曾打算先做第一笔买卖	1　2　3　4　5

7. 请问您在多大程度上同意以下内容？请根据实际情况在相应数字上画"√"。

创业实施意愿	非常不同意 ——————————— 非常同意
我曾具体计划好创业第一步要做什么	1　2　3　4　5
我曾具体计划好何时开始创业的第一步	1　2　3　4　5
我曾具体计划好在哪里开始创业的第一步	1　2　3　4　5

8. 您目前是否做了一些创业准备活动来促使企业创立？

□是（若是，请继续作答）　　□否（若否，请从第10题开始作答）

9. 您做的这些准备活动包括（多选）：

□参加创业教育或培训　□准备创业计划

□搜集顾客、市场或竞争者信息　□分析和预测投资风险

□组建创业团队　□获取原材料、机器设备、厂房等

□接触并联系供应商　□雇用员工　□申请专利/商标/版权

□向别人或机构融资，金额____万元（请填写金额）

□将自己财产投入创业　□产品或服务开发与销售

□开展营销推广

10. 请您根据以下条目对自己做出评价，并在相应数字上画"√"。

创业行为投入	非常少 ——————————— 非常多
为促使企业成立，您对这些活动付出的努力	1　2　3　4　5　6
为促使企业成立，您对这些活动投入的时间	1　2　3　4　5　6

续表

创业行为投入	非常少 ———————————— 非常多					
为促使企业成立，您对这些活动投入的启动资金	1	2	3	4	5	6

11. 请问您在多大程度上同意以下内容？请根据实际情况在相应数字上画"√"。

个人态度	完全不同意 ———————————— 完全同意						
对我来说，成为创业者的好处大于坏处	1	2	3	4	5	6	7
将创业看成一种职业，对我来说有吸引力	1	2	3	4	5	6	7
如果我有机会和资源，我会创办一家企业	1	2	3	4	5	6	7
成为一名创业者会给我带来极大满足感	1	2	3	4	5	6	7
在许多职业选择中，我更愿做一名创业者	1	2	3	4	5	6	7

12. 如果您决定创立一家企业，与您有紧密关系的哪些人会赞成这一决定？请根据实际在相应数字上画"√"。

主观规范	完全不赞成 ———————————— 完全赞成						
您的家人	1	2	3	4	5	6	7
您的朋友	1	2	3	4	5	6	7
您的同事	1	2	3	4	5	6	7

13. 请问您在多大程度上同意以下内容？请根据实际情况在相应数字上画"√"。

感知行为控制	完全不同意 ———————————— 完全同意						
创办一家企业并保持运营，对我来说很容易	1	2	3	4	5	6	7
我准备创建一家能长远发展的企业	1	2	3	4	5	6	7
我能够控制新企业的创立过程	1	2	3	4	5	6	7

感知行为控制	完全不同意 ----------------------------- 完全同意						
我熟悉开办企业所必需的细节	1	2	3	4	5	6	7
我熟悉如何开发一个创业项目	1	2	3	4	5	6	7
如果我尝试开办一家企业，我很有可能成功	1	2	3	4	5	6	7

14. 您是否担任过管理职位？

□是，具体年限：____　　□否

第二部分　不确定性感知与评价

15. 请根据以下条目在相应数字上画"√"。

对于外部环境重要性，我感觉到：	非常不重要 ----------------------------- 非常重要				
竞争者的重要程度	1	2	3	4	5
顾客的重要程度	1	2	3	4	5
技术的重要程度	1	2	3	4	5
各级政府部门监管政策的重要程度	1	2	3	4	5
经济因素（如利率、外贸、就业、经济增长等）的重要程度	1	2	3	4	5
社会文化（如社会价值观、职业道德、人口发展趋势等）的重要程度	1	2	3	4	5

16. 请根据以下条目在相应数字上画"√"。

对于外部环境变动性，我感觉到：	非常低 ----------------------------- 非常高				
竞争者随时间的变动程度	1	2	3	4	5
顾客随时间的变动程度	1	2	3	4	5
技术随时间的变动程度	1	2	3	4	5
各级政府部门监管政策随时间的变动程度	1	2	3	4	5
经济因素（如利率、外贸、就业、经济增长等）随时间的变动程度	1	2	3	4	5

对于外部环境变动性，我感觉到：	非常低 ————————————— 非常高
社会文化（如社会价值观、职业道德、人口发展趋势等）随时间的变动程度	1　　2　　3　　4　　5

17. 请根据以下条目在相应数字上画"√"。

对于外部环境复杂性，我感觉到：	非常简单 ————————————— 非常复杂
竞争者的复杂程度	1　　2　　3　　4　　5
顾客的复杂程度	1　　2　　3　　4　　5
技术的复杂程度	1　　2　　3　　4　　5
各级政府部门监管政策的复杂程度	1　　2　　3　　4　　5
经济因素（如利率、外贸、就业、经济增长等）的复杂程度	1　　2　　3　　4　　5
社会文化（如社会价值观、职业道德、人口发展趋势等）的复杂程度	1　　2　　3　　4　　5

第三部分　损失认知

18　情境1

您打算发明一种自带纸张的笔，并依此开办公司。该产品的独特之处在于，使用者只需要带一支笔就不用再携带纸张。您拥有制造业的背景，发明该产品的灵感源于一些报道——生活中空手携带笔记本存在很多不便。

这种笔的书写长度可达1.5米，并装有足够的纸张，笔芯和纸张都可以替换。在一开始，您需要对许多商业活动做出决策，例如，进入哪些细分市场销售商品，雇用多少员工，如何融资等。在公司创建阶段，您需要做产品决策，比如，生产多少产品，是否需要建造新仓库或与物流公司签订协议等；您还需要做市场决策，例如，使用哪些销售渠道，选择哪种宣传方式等；另外还要进行管理决策，包括员工招聘、培训、晋升和解雇等。您可以借助计算系统跟踪、计算不同决策的结果。

请根据上述内容评价以下方面，并在相应数字上画"√"。

（1）如果开办这家公司存在很好的收益前景（2 选 1）

选项	非常不同意 ———————————— 非常同意				
我会选择一个较小但确切的收益	1	2	3	4	5
我会选择一个大的收益，尽管存在一无所获的风险	1	2	3	4	5

（2）如果开办这家公司存在损失风险（2 选 1）

选项	非常不同意 ———————————— 非常同意				
我会继续投资，尽管可能会损失更多	1	2	3	4	5
我会停止投资，以避免更大损失	1	2	3	4	5

19　情境 2

您打算开发一款创业教育软件，并依此开办公司。您拥有计算机科学的背景，开发该软件的灵感源于一些报道——政府最新政策鼓励人们自主创业。

该软件不仅包含商业、社会科学和自然科学等课程，还提供了公司创建和运营的模拟环境。它可以监控市场、竞争者、政府部门、经济信息的变化，有虚拟管理人员为软件使用者提供决策咨询。在一开始，软件使用者需要对许多商业活动做出决策，例如，进入哪些细分市场销售商品，雇多少员工，如何融资等。在公司创建阶段，该使用者需要做出产品决策，比如，生产多少产品，是否建造新仓库或与物流公司签订协议等；该使用者还要做出市场决策，例如，使用哪些销售渠道，选择哪种宣传方式等；另外还要进行管理决策，包括员工招聘、培训、晋升和解雇等。软件中的计算系统可帮助使用者跟踪、计算不同决策的结果。

请根据上述内容评价以下方面，并在相应数字上画"√"。

（1）如果开办这家公司存在很好的收益前景（以下 2 条目请选择其中 1 个）

选项	非常不同意 ———————————————— 非常同意
我会选择一个较小但确切的收益	1　　2　　3　　4　　5
我会选择一个大的收益，尽管存在一无所获的风险	1　　2　　3　　4　　5

（2）如果开办这家公司存在损失风险（以下 2 条目请选择其中 1 个）

选项	非常不同意 ———————————————— 非常同意
我会继续投资，尽管可能会损失更多	1　　2　　3　　4　　5
我会停止投资，以避免更大损失	1　　2　　3　　4　　5

第四部分　基本信息

20. 性别：　□男　□女

21. 出生年份：_____

22. 所在地：_____

23. 教育背景：　□本科以下　　□本科　　□硕士　　□博士

24. 您的家人或亲戚中，是否有人创业？□是　　　□否

25. 您家里一共有几口人？_____人

26. 您的家人或亲戚中，是否有人在政府部门上班？□是　　　□否

27. 职业：

□党政机关公务员　□事业单位工作人员　□大学或科研机构人员

□国企员工　□军人或警员　□私企员工　□外企员工

□合资企业员工　□自由职业　□离退休/无业人员　□其他职业

28. 收入（月）：

□5000 元及以下　□5001～10000 元　□10001～15000 元

□15000 元以上

29. 请问您在多大程度上同意以下内容？请根据实际情况在相应数字上画"√"。

选项	非常不同意 ———————————————— 非常同意
我不喜欢冒险	1　　2　　3　　4　　5　　6　　7
与熟悉的多数人相比，我喜欢冒险的生活	1　　2　　3　　4　　5　　6　　7
我不想为许多事情承担不必要风险	1　　2　　3　　4　　5　　6　　7
与熟悉的多数人相比，我喜欢在许多事情上放手一搏	1　　2　　3　　4　　5　　6　　7

　　问卷到此结束，再次感谢您的帮助和支持！祝万事顺意！

　　若方便，请您留下联系方式，以便回访和表示感谢。我们将对个人信息严格保密！

　　姓名：_____　工作单位：_____

　　电话：_____　邮箱：_____

参 考 文 献

[1] 常鑫，殷红海. Daniel Kahneman 与行为经济学 [J]. 心理科学进展，2003，11（3）：256 – 261.

[2] 陈强. 高级计量经济学及 Stata 应用 [M]. 北京：高等教育出版社，2014.

[3] 陈瑞，郑毓煌，刘文静. 中介效应分析：原理、程序、Bootstrap 方法及其应用 [J]. 营销科学学报，2013（4）：120 – 135.

[4] 陈昀，贺远琼. 创业认知研究现状探析与未来展望 [J]. 外国经济与管理，2012（12）：12 – 19.

[5] 崔祥民，杨东涛，刘彩生. 创业意向向创业行为转化机制研究 [J]. 科技管理研究，2017，37（4）：124 – 128.

[6] 丁栋虹，张翔. 风险倾向对个体创业意愿的影响研究 [J]. 管理学报，2016，13（2）：229 – 238.

[7] 段锦云，孙建群，简丹丹，等. 创业特征框架对创业意向的影响——创业认知的视角 [J]. 南开管理评论，2016，19（5）：182 – 192.

[8] 樊少华. 基于前景理论的创业决策模型研究 [D]. 长春：吉林大学，2007.

[9] 方卓，张秀娥. 创业激情有助于提升大学生创业意愿吗？——基于六省大学生问卷调查的研究 [J]. 外国经济与管理，2016（7）：41 – 56.

[10] 葛宝山，蒋海燕. 创业意图经典模型评介与整合研究框架构建 [J]. 外国经济与管理，2013，35（11）：11 – 20.

[11] 葛宝山，王侃. 个人特质与个人网络对创业意向的影响——基于网店创业者的调查 [J]. 管理学报，2010，7（12）：1819 – 1824.

[12] 何良兴. 情境知识与创业行为倾向：一个有调节的中介作用模型 [J]. 科学学与科学技术管理，2017，38（8）：155 – 166.

[13] 何良兴, 张玉利. 失败恐惧与创业抉择关系研究: 宽容氛围与创业精神的视角 [J]. 研究与发展管理, 2020, 32 (2): 94 – 105.

[14] 何良兴, 张玉利, 宋正刚. 创业情绪与创业行为倾向关系研究 [J]. 研究与发展管理, 2017, 29 (3): 13 – 20.

[15] 何轩, 宋丽红, 朱沆, 李新春. 家族为何意欲放手? ——制度环境感知、政治地位与中国家族企业主的传承意愿 [J]. 管理世界, 2014 (2): 90 – 101, 110, 188.

[16] 和苏超, 黄旭, 陈青. 管理者环境认知能够提升企业绩效吗——前瞻型环境战略的中介作用与商业环境不确定性的调节作用 [J]. 南开管理评论, 2016, 19 (6): 49 – 57.

[17] 胡海青, 王兆群, 张颖颖, 张琅. 创业网络、效果推理与新创企业融资绩效关系的实证研究——基于环境动态性调节分析 [J]. 管理评论, 2017, 29 (6): 61 – 72.

[18] 胡玲玉, 吴剑琳, 古继宝. 创业环境和创业自我效能对个体创业意向的影响 [J]. 管理学报, 2014, 11 (10): 1484 – 1490.

[19] 李大元. 企业环境不确定性研究及其新进展 [J]. 管理评论, 2010, 22 (11): 81 – 87.

[20] 李凤羽, 史永东. 经济政策不确定性与企业现金持有策略——基于中国经济政策不确定指数的实证研究 [J]. 管理科学学报, 2016, 19 (6): 157 – 170.

[21] 李雯, 夏清华. 创业行为形成机理: 感知合意性与感知可行性的交互效应 [J]. 管理学报, 2013, 10 (9): 1338 – 1344.

[22] 李新春, 叶文平, 朱沆. 社会资本与女性创业——基于 GEM 数据的跨国 (地区) 比较研究 [J]. 管理科学学报, 2017, 20 (8): 112 – 126.

[23] 林嵩, 刘青, 李培馨. 拆迁事件会提升农民的创业倾向吗? 基于 289 个样本的实证研究 [J]. 管理评论, 2016, 28 (12): 63 – 74.

[24] 刘常勇, 谢如梅. 创业学: 创业家、机会与环境视角 [M]. 台北: 智胜文化, 2017, 156 – 159.

[25] 刘家和, 金秀, 苑莹, 郑红. 状态依赖和损失厌恶下的鲁棒投资组合模型及实证 [J]. 管理工程学报, 2018, 32 (2): 196 – 201.

[26] 刘万利, 胡培, 许昆鹏. 创业机会真能促进创业意愿产生吗——基于创业自我效能与感知风险的混合效应研究 [J]. 南开管理评

论，2011，14（5）：83 - 90.

[27] 刘兴国，沈志渔，周小虎. 社会资本对我国民营企业创业行为的影响 [J]. 经济管理，2009（6）：41 - 46.

[28] 刘宇娜，张秀娥. 创业意愿、创业机会识别与创业行为关系的实证研究 [J]. 税务与经济，2018（2）：48 - 55.

[29] 罗瑾琏，杨光华. 性别视角下"中国三明治"创业者创业行为研究 [J]. 科学学与科学技术管理，2015（5）：105 - 114.

[30] 罗胜强，姜嬿. 管理学问卷调查研究方法 [M]. 重庆：重庆大学出版社，2014：165.

[31] 买忆媛，梅琳，周嵩安. 规制成本和资源禀赋对地区居民创业意愿的影响 [J]. 管理科学，2009，22（4）：64 - 73.

[32] [美] 塔沙克里，[美] 特德莱. 混合方法论：定性方法和定量方法的结合 [M]. 重庆：重庆大学出版社，2015：72 - 75.

[33] [美] 卡尼曼. 思考，快与慢 [M]. 北京：中信出版社，2016：256 - 258，278.

[34] [美] 施莱辛格，[美] 基弗，[美] 布朗. 创业：行动胜于一切 [M]. 北京：北京大学出版社，2017.

[35] 苗莉，何良兴. 基于异质性假设的创业意愿及其影响机理研究 [J]. 财经问题研究，2016（5）：16 - 23.

[36] 莫寰. 中国文化背景下的创业意愿路径图——基于"计划行为理论" [J]. 科研管理，2009，30（6）：128 - 135.

[37] 倪嘉成，李华晶. 制度环境对科技人员创业认知与创业行为的影响 [J]. 科学学研究，2017，35（4）：585 - 592.

[38] 牛芳，张玉利，杨俊. 坚持还是放弃？基于前景理论的新生创业者承诺升级研究 [J]. 南开管理评论，2012，15（1）：131 - 141.

[39] 彭伟，符正平. 基于扎根理论的海归创业行为过程研究——来自国家"千人计划"创业人才的考察 [J]. 科学学研究，2015，33（12）：1851 - 1860.

[40] 彭学兵，王乐，刘玥伶，陈胜男. 创业网络、效果推理型创业资源整合与新创企业绩效关系研究 [J]. 科学学与科学技术管理，2017，38（6）：157 - 170.

[41] 汪丽，茅宁，龙静. 管理者决策偏好、环境不确定性与创新强度——基于中国企业的实证研究 [J]. 科学学研究，2012（7）：1101 -

1109.

[42] 王海花, 谢萍萍, 熊丽君. 创业网络、资源拼凑与新创企业绩效的关系研究 [J]. 管理科学, 2019, 32 (2): 50 – 66.

[43] 王宇, 李海洋. 管理学研究中的内生性问题及修正方法 [J]. 管理学季刊, 2017 (2): 20 – 47.

[44] 文东华, 潘飞, 陈世敏. 环境不确定性、二元管理控制系统与企业业绩实证研究——基于权变理论的视角 [J]. 管理世界, 2009 (10): 102 – 114.

[45] 文平, 庞庆华. 基于预期的报童问题研究 [J]. 中国管理科学, 2018, 26 (3): 109 – 116.

[46] 吴炳德, 王志玮, 陈士慧, 等. 目标兼容性、投资视野与家族控制: 以研发资金配置为例 [J]. 管理世界, 2017 (2): 109 – 119.

[47] 吴建祖, 李英博. 感知的创业环境对中层管理者内部创业行为的影响研究 [J]. 管理学报, 2015, 12 (1): 111 – 117.

[48] 吴小立, 于伟. 环境特性、个体特质与农民创业行为研究 [J]. 外国经济与管理, 2016 (3): 19 – 29.

[49] 吴晓霖, 蒋祥林, 姚舜. 基于前景理论的处置效应的存在性及特征 [J]. 系统管理学报, 2014, 23 (6): 768 – 777.

[50] 新企业创业机理与成长模式研究课题组. 中国创业活动透视报告: 中国新生创业活动动态跟踪调研 (CPSED) 报告 (2009 ~ 2011 年) [M]. 北京: 清华大学出版社, 2012.

[51] 闫华飞, 胡蓓. 创业行为对创业知识溢出的影响研究: 关系资本的调节作用 [J]. 预测, 2014 (3): 21 – 26.

[52] 闫华飞. 创业行为、创业知识溢出与产业集群发展绩效 [J]. 科学学研究, 2015, 33 (1): 98 – 105.

[53] 杨俊, 韩炜, 张玉利. 工作经验隶属性、市场化程度与创业行为速度 [J]. 管理科学学报, 2014, 17 (8): 10 – 22.

[54] 叶峥, 郑健壮. 集群企业网络特征与创业行为: 基于创业能力的实证研究 [J]. 科研管理, 2014, 35 (1): 58 – 65.

[55] 游静. 损失厌恶对协同知识创新的影响研究 [J]. 科研管理, 2016, 37 (1): 92 – 100.

[56] 张鹏, 张杰, 马俊, 等. 考虑期望损失厌恶的供应链契约与协调 [J]. 管理评论, 2015, 27 (4): 177 – 186.

［57］张新，罗新星．损失厌恶型零售商参与的供应链商业信用与收益共享协同研究［J］．管理学报，2017，14（5）：759－766.

［58］张玉利．容错机制与激发保护企业家精神［J］．社会科学辑刊，2019，41（1）：71－78.

［59］张玉利，何良兴．网络情境下的不确定性问题研究：客观和主观融合的视角［J］．吉林大学社会科学学报，2017（6）：63－74.

［60］张玉利，谢巍．改革开放、创业与企业家精神［J］．南开管理评论，2018，21（5）：4－9.

［61］张玉利，杨俊．企业家创业行为的实证研究［J］．经济管理，2003（20）：19－26.

［62］郑刚，梅景瑶，郭艳婷，何晓斌．创业教育、创业经验和创业企业绩效［J］．科学学研究，2018，36（6）：1087－1095.

［63］周雪光．组织社会学十讲［M］．北京：社会科学文献出版社，2003.

［64］宗计川．价值评估手段选择：意愿支付抑或意愿接受——实验研究前沿述评［J］．外国经济与管理，2014，36（7）：44－52.

［65］邹德强，赵平．期望不一致对满意影响的函数形式：展望理论的预测［J］．南开管理评论，2008，11（6）：79－85.

［66］Abdellaoui M, Paraschiv C, Paraschiv C. Loss aversion under prospect theory: a parameter-free measurement［J］. Management Science, 2007, 53（10）: 1659－1674.

［67］Achtziger A, Gollwitzer P M. Rubicon Model of Action Phases［M］//Encyclopedia of social psychology. 2007: 2, 769－770.

［68］Achtziger A, Gollwitzer P M. Motivation and volition in the course of action［M］. Cham: Springer, 2018: 485－527.

［69］Acs Z J, Szerb L. Entrepreneurship, economic growth and public policy［J］. Small Business Economics, 2007, 28（2－3）: 109－122.

［70］Adam A F, Fayolle A. Bridging the entrepreneurial intention-behaviour gap: the role of commitment and implementation intention［J］. International journal of entrepreneurship and small business, 2015, 25（1）: 36－54.

［71］Ajzen I. The theory of planned behavior［J］. Organizational behavior and human decision processes, 1991, 50（2）, 179－211.

［72］ Aldrich H E. Organizations evolving ［M］. Sage, 1999.

［73］ Aldrich H E, Martinez M. Entrepreneurship as social construction: a multi-level evolutionary approach ［M］//Acs Z J, Audretsch D B et al. Handbook of entrepreneurship research. Boston: Springer, 2006: 359 – 399.

［74］ Alvarez S A, Busenitz L W. The entrepreneurship of resource-based theory ［J］. Journal of Management, 2001, 27 (6): 755 – 775.

［75］ Ardichvili A, Cardozo R, Ray S. A theory of entrepreneurial opportunity identification and development ［J］. Journal of business venturing, 2003, 18 (1): 105 – 123.

［76］ Bacova V, Dankova L. High and low loss averse university students—their beliefs, values, identifications, relations to oneself and others ［J］. Studia psychologica, 2011, 53 (4): 313 – 326.

［77］ Bacova V, Juskova T. Risky choice and affective forecasting: loss aversion in two culturally different student samples ［J］. Studia psychologica, 2009, 51 (4): 329 – 342.

［78］ Bagozzi R, Baumgartner H, Yi Y. An investigation into the role of intentions as mediators of the attitude-behavior relationship ［J］. Journal of economic psychology, 1989, 10 (1): 35 – 62.

［79］ Baker S R, Bloom N, Davis S J et al. A measure of economic policy uncertainty for China ［R］. Working Paper, Chicago: University of Chicago, 2013.

［80］ Baker S R, Bloom N, Davis S J. Measuring economic policy uncertainty ［J］. Quarterly Journal of Economics, 2016, 131 (4): 1593 – 1636.

［81］ Bandura A. Social cognitive theory: an agentic perspective ［J］. Annual Review of Psychology, 2001, 52 (1): 1 – 26.

［82］ Barnard C. The functions of the executive ［M］. Cambridge: Harvard University Press, 1938.

［83］ Baron R A. Opportunity recognition as pattern recognition: how entrepreneurs "connect the dots" to identify new business opportunities ［J］. Academy of management perspectives, 2006, 20 (1): 104 – 119.

［84］ Baron R M, Kenny D A. The moderator-mediator variable distinction in social psychological research: conceptual, strategic, and statistical considerations ［J］. Journal of personality and social psychology, 1986, 51 (6):

1173 – 1182.

[85] Baumeister R F, Vohs K D, Nathan DeWall C et al. How emotion shapes behavior: Feedback, anticipation, and reflection, rather than direct causation [J]. Personality and Social Psychology Review, 2007, 11 (2): 167 – 203.

[86] Bennett N, Lemoine G J. What VUCA really means for you [J]. Harvard Business Review, 2014, 92 (1/2).

[87] Bird B J. Implementing entrepreneurial ideas: the case for intention [J]. Academy of Management Review, 1988, 13 (3): 442 – 454.

[88] Bluedorn A C, Johnson R A, Cartwright D K et al. The interface and convergence of the strategic management and organizational environment domains [J]. Journal of Management, 1994, 20 (2): 201 – 262.

[89] Boling J R, Pieper T M, Covin J G. CEO tenure and entrepreneurial orientation within family and nonfamily firms [J]. Entrepreneurship theory and practice, 2016, 40 (4): 891 – 913.

[90] Boyd N G, Vozikis G S. The influence of self-efficacy on the development of entrepreneurial intentions and actions [J]. Entrepreneurship theory and practice, 1994, 18 (4): 63 – 77.

[91] Brandstätter V, Heimbeck D, Malzacher J et al. Goals need implementation intentions: the model of action phases tested in the applied setting of continuing education [J]. European journal of work and organizational psychology, 2003, 12 (1): 37 – 59.

[92] Brickell T A, Chatzisarantis N L, Pretty G M. Using past behaviour and spontaneous implementation intentions to enhance the utility of the theory of planned behavior in predicting exercise [J]. British journal of health psychology, 2006, 11 (2): 249 – 262.

[93] Brockner J. The escalation of commitment to a failing course of action: toward theoretical progress [J]. Academy of management review, 1992, 17 (1): 39 – 61.

[94] Burton S, Lichtenstein D R, Netemeyer R G, Garretson J A. A scale for measuring attitude toward private label products and an examination of its psychological and behavioral correlates [J]. Journal of the academy of marketing science, 1998, 26 (4): 293 – 306.

［95］ Busenitz L W, Barney J B. Differences between entrepreneurs and managers in large organizations: biases and heuristics in strategic decision-making ［J］. Journal of business venturing, 1997, 12 (1): 9 – 30.

［96］ Busenitz LW, West Ⅲ G P, Shepherd D et al. Entrepreneurship research in emergence: past trends and future directions ［J］. Journal of management, 2003, 29 (3): 285 – 308.

［97］ Campbell D T, Fiske D W. Convergent and discriminant validation by the multitrait-multimethod matrix ［J］. Psychological bulletin, 1959, 56 (2): 81 – 105.

［98］ Carraro N, Gaudreau P. Spontaneous and experimentally induced action planning and coping planning for physical activity: a meta-analysis ［J］. Psychology of sport and exercise, 2013, 14 (2): 228 – 248.

［99］ Carsrud A, Brannback M. Entrepreneurial motivations: what do we still need to know? ［J］ Journal of small business management, 2011, 49 (1): 9 – 26.

［100］ Carsrud A, Brännback M, Elfving J, Brandt K. "Motivations: the entrepreneurial mind and behavior," in understanding the entrepreneurial mind: opening the black box ［M］. Heidelberg: Springer, 2009: 141 – 166.

［101］ Chalkos G, Salavou H. From entrepreneurial intentions to action: does commitment matter? ［C］. Innovation, Relational Networks, Technology and Knowledge Transfer as Drivers of Global Competitiveness, Belgium, 2016.

［102］ Chen C C, Greene P G, Crick A. Does entrepreneurial self-efficacy distinguish entrepreneurs from managers? ［J］. Journal of business venturing, 1998, 13 (4): 295 – 316.

［103］ Child J. Organizational structure, environment and performance: the role of strategic choice ［J］. Sociology, 1972, 6 (1): 1 – 22.

［104］ Churchill S, Jessop D. Spontaneous implementation intentions and impulsivity: can impulsivity moderate the effectiveness of planning strategies? ［J］. British journal of health psychology, 2010, 15 (3): 529 – 541.

［105］ Colombo M G, Piva E. Knowledge misappropriation risks and contractual complexity in entrepreneurial ventures' non-equity alliances ［J］. Small business economics, 2019, 53 (1): 107 – 127.

［106］ Comrey A L, Lee H B. Interpretation and application of factor analytic results ［J］//Comrey A L, Lee H B. A first course in factor analysis, 1992 (2): 1992.

［107］ Curtin R T, Reynolds P D. Panel study of entrepreneurial dynamics, PSED II, United States, 2005 – 2011 ［M/OL］//Ann Arbor. MI: Interuniversity Consortium for Political and Social Research ［distributor］, 2018, https://doi. org/10. 3886/ICPSR37202. v1.

［108］ Davidsson P, Honig B. The role of social and human capital among nascent entrepreneurs ［J］. Journal of business venturing, 2003, 18 (3): 301 – 331.

［109］ Davis S J, Liu D, Sheng X S. Economic policy uncertainty in china since 1946: the view from mainland newspapers ［R］. Working paper, 2019.

［110］ de Noble A F, Jung D, Ehrlich S B. Entrepreneurial self-efficacy: the development of a measure and its relationship to entrepreneurial intentions and actions ［J］. Entrepreneurship theory and practice, 1999, 18 (4): 63 – 77.

［111］ Delmar F, Shane S. Does business planning facilitate the development of new ventures? ［J］. Strategic management journal. 2003, 24 (12): 1165 – 1185.

［112］ Dess G G, Beard D W. Dimensions of organizational task environments ［J］. Administrative science quarterly, 1984, 29 (1): 52 – 73.

［113］ Dew N. Serendipity in entrepreneurship ［J］. Organization studies, 2009, 30 (7): 735 – 753.

［114］ Dholakia U M, Pbagozzi R. As time goes by: how goal and implementation intentions influence enactment of short-fuse behaviors ［J］. Journal of applied social psychology, 2003, 33 (5): 889 – 922.

［115］ Douglas E J. Reconstructing entrepreneurial intentions to identify predisposition for growth ［J］. Journal of business venturing, 2013, 28 (5): 633 – 651.

［116］ Douglas E, Shepherd D A. Entrepreneurship as a utility maximizing response ［J］. Journal of business venturing, 2000, 15 (3): 231 – 251.

［117］ Downey H K, Slocum J W. Uncertainty: measures, research, and sources of variation ［J］. Academy of management journal, 1975, 18

(3): 562 – 578.

[118] Duncan R B. Characteristics of organizational environments and perceived environmental uncertainty [J]. Administrative science quarterly, 1972, 17 (3): 313 – 327.

[119] Durante K M, Griskevicius V, Ulu S (Sev). The effect of fertility on loss aversion [J]. Journal of business research, 2019 (2): 43.

[120] Edelman L F, Brush C G, Manolova T S et al. Start-up motivations and growth intentions of minority nascent entrepreneurs [J]. Journal of small business management, 2010, 48 (2): 174 – 196.

[121] Edelman L, Yli-Renko H. The impact of environmental and entrepreneurial perceptions on venture-creation efforts: bridging the discovery and creation views of entrepreneurship [J]. Entrepreneurship theory and practice, 2010, 34 (5): 833 – 856.

[122] Fairlie R W, Robb A M. Gender differences in business performance: evidence from the characteristics of business owners survey [J]. Small business economics, 2009, 33 (4): 375 – 395.

[123] Fayers P M, Machin D. Multi-Item Scales. Quality of life: assessment, analysis and interpretation [M]. John Wiley & Sons, Ltd. , 2002: 72 – 90.

[124] Fornell C, Larcker D F. Evaluating structural equation models with unobservable variables and measurement error [J]. Journal of marketing research, 1981, 18 (1): 39 – 50.

[125] Frese M. Towards a psychology of entrepreneurship: an action theory perspective [J]. Foundations and trends in entrepreneurship, 2009, 5 (6): 435 – 494.

[126] Futterer F, Schmidt J, Heidenreich S. Effectuation or causation as the key to corporate venture success? Investigating effects of entrepreneurial behaviors on business model innovation and venture performance [J]. Long range planning, 2018, 51 (1): 64 – 81.

[127] Gable S L, Reis H T, Elliot A J. Behavioral activation and inhibition in everyday life [J]. Journal of personality and social psychology, 2000, 78 (6): 1135.

[128] Gaglio C M, Katz J. The psychological basis of opportunity identifi-

cation: entrepreneurial alertness [J]. Journal of small business economics, 2001, 12 (2): 95 – 111.

[129] Gal D, Rucker D D. Loss aversion, intellectual inertia, and a call for a more contrarian science: a reply to Simonson & Kivetz and Higgins & Liberman [J]. Journal of consumer psychology, 2018, 28 (3): 533 – 539.

[130] Gartner W B. Is there an elephant in entrepreneurship? Blind assumptions in theory development [J]. Entrepreneurship theory and practice, 2001, 25 (3): 27 – 39.

[131] Gartner W B, Shaver K G. Nascent entrepreneurship panel studies: progress and challenges [J]. Small business economics, 2012, 39 (3): 659 – 665.

[132] Geraudel M, Cesinger B, Gundolf K. Innovations and sales growth in new ventures: the mediating effect of growth intention [J]. Academy of management annual meeting proceedings, 2016, 2016 (1): 11419.

[133] Gielnik M M, Barabas S, Frese M et al. A temporal analysis of how entrepreneurial goal intentions, positive fantasies, and action planning affect starting a new venture and when the effects wear off [J]. Journal of business venturing, 2014, 29 (6): 755 – 772.

[134] Gielnik M M, Zacher H, Wang M. Age in the entrepreneurial process: the role of future time perspective and prior entrepreneurial experience [J]. Journal of applied psychology, 2018, 103 (10): 1067 – 1085.

[135] Gigerenzer G. Fast and frugal heuristics: The tools of bounded rationality [M]. In D. Koehler & N. Harvey (Eds.). Blackwell handbook of judgment and decision making. Oxford, UK: Blackwell, 2004: 62 – 88.

[136] Gilbert B A, McDougall P P, Audretsch D B. New venture growth: a review and extension [J]. Journal of management, 2006, 32 (6): 926 – 950.

[137] Gimeno J, Folta T B, Cooper A C, Woo C Y. Survival of the fittest? Entrepreneurial human capital and the persistence of underperforming firms [J]. Administrative science quarterly, 1997, 42 (4): 750 – 783.

[138] Gollwitzer P M. Action phases and mind-sets [M]//Higgins E T, Sorrentino R M et al. Handbook of motivation and cognition. New York: Guilford, 1990: 2, 53 – 92.

[139] Gollwitzer P M, Sheeran P. Implementation intentions and goal achievement: a meta-analysis of effects and processes [J]. Advances in experimental social psychology, 2006 (38): 69 – 119.

[140] Gollwitzer P M. Mindset theory of action phases van Lange P et al [M]//Handbook of theories of social psychology. Thousand Oaks: Sage, 2012: 526 – 545.

[141] Greenberger D B, Sexton D L. An interactive model of new venture initiation [J]. Journal of small business management, 1988, 26 (3): 1 – 7.

[142] Gregoire D, Shepherd D. Technology-market combinations and the identification of entrepreneurial opportunities: an investigation of the opportunity-individual nexus [J]. Academy of management journal, 2012, 55 (4): 753 – 785.

[143] Hair J F, Ringle C M, Sarstedt M. Partial least squares structural equation modeling: rigorous applications, better results and higher acceptance [J]. Long range planning, 2013, 46 (1): 1 – 12.

[144] Health C. Escalation and de-escalation of commitment in response to sunk cost: the role of budgeting in mental accounting [J]. Organizational behavior and human decision processes, 1995, 62 (1): 38 – 54.

[145] Heckhausen H, Gollwitzer P M. Thought contents and cognitive functioning in motivational versus volitional states of mind [J]. Motivation and emotion, 1987, 11 (2): 101 – 120.

[146] Heckhausen J, Heckhausen H. Motivation and action: introduction and overview [M]. Cham: Springer, 2018: 1 – 14.

[147] Heckman J. Sample selection bias as a specification error [J]. Econometrica, 1979, 47 (1), 153 – 161.

[148] Higgins E T, Kruglanski A W. Motivational science: social and personality perspectives [M]. Philadelphia: Psychology Press, 2000.

[149] Hinkin T R, Tracey J B. An analysis of variance approach to content validation [J]. Organizational research methods, 1999, 2 (2): 175 – 186.

[150] Hsu D K, Wiklund J, Cotton R D. Success, failure, and entrepreneurial reentry: an experimental assessment of the veracity of self-efficacy and prospect theory [J]. Entrepreneurship theory and practice, 2017, 41

（1）：19 – 47.

［151］Igual M G, Santamaría T C. Overconfidence, loss aversion and irrational investor behavior: a conceptual map ［J］. International journal of economic perspectives, 2017, 11 （1）：273 – 290.

［152］Ilouga S N, Mouloungni A C N, Sahut J M. Entrepreneurial intention and career choices: the role of volition ［J］. Small business economics, 2014, 42 （4）：717 – 728.

［153］Ireland R D, Hitt M A, Bettis R A et al. Strategy formulation processes: differences in perceptions of strength and weakness indicators and environmental uncertainty by managerial level ［J］. Strategic management journal, 1987, 8 （5）：469 – 485.

［154］Jiang Y, Rüling C C. Opening the black box of effectuation processes: characteristics and dominant types ［J］. Entrepreneurship theory and practice, 2019, 43 （1）：171 – 202.

［155］Kahneman D, Tversky A. Judgment under uncertainty: heuristics and biases ［J］. Science, 1974, 185 （4157）：1124 – 1131.

［156］Kahneman D, Tversky A. Prospect theory: an analysis of decision under risk ［J］. Econometrica, 1979, 47 （2）：263 – 291.

［157］Katz J, Gartner W. Properties of emerging organizations ［J］. Academy of management review, 1988, 13 （3）：429 – 441.

［158］Kautonen T, Gelderen M V, Fink M. Robustness of the theory of planned behavior in predicting entrepreneurial intentions and actions ［J］. Entrepreneurship theory and practice, 2015, 39 （3）：655 – 674.

［159］Keller L, Bieleke M, Gollwitzer P M. Mindset theory of action phases and if-then planning ［M］//Sassenberg K, Vliek M et al. Social psychology in action. Cham: Springer, 2019.

［160］Kor Y Y, Mahoney J T, Michael S C. Resources, capabilities and entrepreneurial perceptions ［J］. Journal of management studies, 2007, 44 （7）：1187 – 1212.

［161］Kotrlik J, Higgins C. Organizational research: determining appropriate sample size in survey research appropriate sample size in survey research ［J］. Information technology, learning, and performance journal, 2001, 19 （1）：43.

［162］ Krishnan R, Geyskens I, Steenkamp J B E M. The effectiveness of contractual and trust—based governance in strategic alliances under behavioral and environmental uncertainty ［J］. Strategic management journal, 2016, 37 (1): 1 – 22.

［163］ Krueger N F. Entrepreneurial intentions are dead: long live entrepreneurial intentions ［M］//Carsrud A L, Brännback M et al. Understanding the entrepreneurial mind, international studies in entrepreneurship. New York: Springer, 2009: 51 – 72.

［164］ Krueger N F, Jr. Day M. Looking forward, looking backward: from entrepreneurial cognition to neuro-entrepreneurship ［A］//Acs Z J, Audretsch D B et al. Handbook of entrepreneurship research ［C］. New York: Springer, 2010: 321 – 357.

［165］ Krueger N F, Carsrud A L. Entrepreneurial intentions: applying the theory of planned behavior ［J］. Entrepreneurship and regional development, 1993, 5 (4): 315 – 330.

［166］ Krueger N F, Reilly M D, Carsrud A L. Competing models of entrepreneurial intentions ［J］. Journal of business venturing, 2000, 15 (5): 411 – 432.

［167］ Lau C M, Busenitz L W. Growth intentions of entrepreneurs in a transitional economy: the People's Republic of China ［J］. Entrepreneurship theory and practice, 2001, 26 (1): 5 – 20.

［168］ Lawrence P R, Lorsch J W. Organization and environment ［M］. Boston: Harvard University Press, 1967.

［169］ Lee L, Wong P K, Foo M D et al. Entrepreneurial intentions: the influence of organizational and individual factors ［J］. Journal of business venturing, 2011, 26 (1): 124 – 136.

［170］ Lench H C, Bench S W, Davis E L. Distraction from emotional information reduces biased judgements ［J］. Cognition and emotion, 2016, 30 (4): 638 – 653.

［171］ Lerner D A, Hunt R A, Dimov D P. Action! Moving Beyond the Intendedly—rational logics of entrepreneurship ［J］. Journal of business venturing, 2018, 33 (1): 52 – 69.

［172］ Li J J, Poppo L, Zhou K Z. Do managerial ties in China always produce value? Competition, uncertainty, and domestic vs. foreign firms [J]. Strategic management journal, 2008, 29 (4): 383 – 400.

[173] Li Y J, Kenrick D T, Griskevicius V, Neuberg S L. Economic decision biases and fundamental motivations: how mating and self-protection alter loss aversion [J]. Journal of personality and social psychology, 2012, 102 (3): 550 – 561.

[174] Lichtenstein B B, Carter N M, Dooley K J et al. Complexity dynamics of nascent entrepreneurship [J]. Journal of business venturing, 2007, 22 (2): 236 – 261.

[175] Liñán F, Chen Y W. Development and cross-cultural application of a specific instrument to measure entrepreneurial intentions [J]. Entrepreneurship theory and practice, 2010, 33 (3): 593 – 617.

[176] Lipshitz R, Strauss O. Coping with uncertainty: a naturalistic decision-making analysis [J]. Organizational behavior and human decision processes, 1997, 69 (2): 149 – 163.

[177] Loasby B J. The evolution of knowledge: beyond the biological Model [J]. Research policy, 2002, 31 (8): 1227 – 1239.

[178] Loewenstein G F, Weber E U, Hsee C K et al. Risk as feelings [J]. Psychological bulletin, 2001, 127 (2): 267 – 286.

[179] Luan S, Reb J, Gigerenzer G. Ecological rationality: fast-and-frugal heuristics for managerial decision making under uncertainty [J]. Academy of management journal, 2019, 62 (6): 753 – 785.

[180] Luo Y. Industrial dynamics and managerial networking in an emerging market: the case of China [J]. Strategic management journal, 2003, 24 (13): 1315 – 1327.

[181] Lutz C, Newlands G. User perceptions of fairness and regulation in the sharing economy [C]//Academy of management proceedings. Briarcliff Manor, NY 10510: Academy of Management, 2018 (1): 13885.

[182] Mahdjour S. Set up for growth? An exploratory analysis of the relationship of growth intention and business models [J]. International journal of innovation management, 2015, 19 (6): 1 – 31.

[183] March J G, Shapira Z. Managerial perspective on risk and risk taking [J]. Management Science, 1987, 33 (11): 1404 – 1418.

[184] March J G, Simon H A. Organizations [M]. New York: John Wiley & Sons, 1958.

[185] Martin G, zübüyük R, Becerra M. Interlocks and firm performance: the role of uncertainty in the directorate interlock-performance relationship [J]. Strategic management journal, 2015, 36 (2): 235 - 253.

[186] Martina R A. Toward a theory of affordable loss [J]. Small business economics, 2020, 54 (3): 751 - 774.

[187] McCarthy A M, Schoorman F D, Cooper A C. Reinvestment decisions by entrepreneurs: rational decision-making or escalation of commitment? [J]. Journal of business venturing, 1993, 8 (1): 9 - 24.

[188] Mcgraw A P, Larsen J T, Kahneman D et al. Comparing gains and losses [J]. Psychol science, 2010, 21 (10): 1438 - 1445.

[189] McKelvie A, Haynie J M, Gustavsson V. Unpacking the uncertainty construct: implications for entrepreneurial action [J]. Journal of business venturing, 2011, 26 (3): 273 - 292.

[190] McMullen J S, Shepherd D A. Entrepreneurial action and the role of uncertainty in the theory of the entrepreneur [J]. Academy of management review, 2006, 31 (1): 132 - 152.

[191] Mian S, Lamine W, Fayolle A. Technology business incubation: an overview of the state of knowledge [J]. Technovation, 2016, 50: 1 - 12.

[192] Miller D, Friesen P H. Innovation in conservative and entrepreneurial firms: two models of strategic momentum [J]. Strategic management journal, 1982, 3 (1): 1 - 25.

[193] Milliken F J. Three types of perceived uncertainty about the environment: state, effect, and response uncertainty [J]. Academy of management review, 1987, 12 (12): 133 - 143.

[194] Miner J B. Testing a psychological typology of entrepreneurship using business founders [J]. The jounal of applied behavioral science, 2000, 36 (1): 43 - 69.

[195] Mitchell R K, Busenitz L W, Bird B et al. The central question in entrepreneurial cognition research 2007 [J]. Entrepreneurship theory and practice, 2007, 31 (1): 1 - 27.

[196] Mitchell R K, Busenitz L, Lant T et al. Toward a theory of entre-

preneurial cognition: rethinking the people side of entrepreneurship research [J]. Entrepreneurship theory and practice, 2002, 27 (2): 93 - 104.

[197] Morgan J, Sisak D. Aspiring to succeed: a model of entrepreneurship and fear of failure [J]. Journal of business venturing, 2016, 31 (1): 1 - 21.

[198] Musteen M, Barker III V L, Baeten V L. The influence of CEO tenure and attitude toward change on organizational approaches to innovation [J]. The Journal of applied behavioral science, 2010, 46 (3): 360 - 387.

[199] Neumann N, Böckenholt U. A Meta-analysis of loss aversion in product choice [J]. Journal of retailing, 2014, 90 (2): 182 - 197.

[200] Neumann V, Morgenstem O. Theory of games and economic (2nd ed.) [M]. Princeton, NJ: Princeton University Press, 1947.

[201] Nunnally J C. Psychometric theory (2nd ed.) [M]. New York: Tata McGraw Hill, 1978.

[202] Nunnally J C, Bernstein I H. Psychometric theory [M]. New York: McGraw - Hill, 1994.

[203] Oriani R, Sobrero M. Uncertainty and the market valuation of R&D within a real options logic [J]. Strategic management journal, 2010, 29 (4): 343 - 361.

[204] Podsakoff P M, Mackenzie S B, Lee J Y et al. Common method biases in behavioral research: a critical review of the literature and recommended remedies [J]. Journal of applied psychology, 2003, 88 (5): 879 - 903.

[205] Preacher K J, Hayes A F. SPSS and SAS procedures for estimating indirect effects in simple mediation models [J]. Behavior research methods, instruments & computers, 2004, 36 (4): 717 - 731.

[206] Reymen I M M J, Andries P, Berends H et al. Understanding dynamics of strategic decision making in venture creation: a process study of effectuation and causation [J]. Strategic entrepreneurship journal, 2015, 9 (4): 351 - 379.

[207] Reynolds P D, Curtin R T. Business creation in the United States: panel study of entrepreneurial dynamics II initial assessment [J]. Foundations and trends in entrepreneurship, 2008, 4 (3): 155 - 307.

[208] Rhodes R E, de Bruijn G J. How big is the physical activity inten-

tion-behaviour gap? A meta-analysis using the action control framework [J]. British journal of health psychology, 2013, 18 (2): 296 – 309.

[209] Samuelson W, Zeckhauser R. Status quo bias in decision making [J]. Journal of Risk and Uncertainty, 1988, 1 (1): 7 – 59.

[210] Sarasvathy S D. Causation and effectuation: toward a theoretical shift from economic inevitability to entrepreneurial contingency [J]. Academy of management review, 2001, 26 (2): 243 – 263.

[211] Sarasvathy S D. Effectuation: elements of entrepreneurial expertise [M]. Northampton, MA: Edward Elgar, 2008.

[212] Sarasvathy S D. Entrepreneurship as a science of the artificial [J]. Journal of economic psychology, 2003, 24 (2): 203 – 221.

[213] Sarasvathy S D, Dew N. Without judgment: an empirically-based entrepreneurial theory of the firm [C]. Vienna: Austrian Economics Conference, 2007.

[214] Sawyerr O O. Environmental uncertainty and environmental scanning activities of Nigerian manufacturing executives: a comparative analysis [J]. Strategic management journal, 1993, 14 (4): 287 – 299.

[215] Schlaegel C, Koenig M. Determinants of entrepreneurial intent: a meta-analytic test and integration of competing models [J]. Entrepreneurship theory and practice, 2014, 38 (2): 291 – 332.

[216] Servantie V, Rispal M H. Bricolage, effectuation, and causation shifts over time in the context of social entrepreneurship [J]. Entrepreneurship & regional development, 2018, 30 (3 – 4): 310 – 335.

[217] Shane S. Reflections on the 2010 AMR decade award: delivering on the promise of entrepreneurship as a field of research [J]. Academy of management review, 2012, 37 (1): 10 – 20.

[218] Shan S, Locke EA, Collins C J. Entrepreneurial motivation [J]. Human resource management review, 2003, 13 (2): 257 – 279.

[219] Shane S, Venkataraman S. The promise of entrepreneurship as a field of research [J]. Academy of management review, 2000, 25 (1): 217 – 226.

[220] Shapero A, Sokol L. Social dimensions of entrepreneurship [M]// Kent C A, Sexton D L, Vesper K H et al. The encyclopedia of entrepreneur-

ship. Englewood Cliffs, NJ: Prentice – Hall, 1982: 72 – 90.

[221] Sheeran P. Intention-behavior relations: a conceptual and empirical review [J]. European review of social psychology, 2002, 12 (1): 1 – 36.

[222] Shepherd D A, Zacharakis A. Conjoint analysis: A window of opportunity for entrepreneurship research [M]//. Reflections and extensions on key papers of the first twenty-five years of advances. London: Emerald Publishing Limited, 2018.

[223] Shirokova G, Osiyevskyy O, Bogatyreva K. Exploring the intention-behavior link in student entrepreneurship: moderating effects of individual and environmental characteristics [J]. European management journal, 2016, 34 (4): 386 – 399.

[224] Shook C L, Priem R L, Mcgee J E. Venture creation and the enterprising individual: a review and synthesis [J]. Journal of management, 2015, 29 (3): 379 – 399.

[225] Sidhu I, Deletraz P. Effect of comfort zone on entrepreneurship potential, innovation culture, and career satisfaction [C]. 122nd ASEE Annual Conference & Exposition. Seattle: American Society for Engineering Education, 2015: 26. 575. 1 – 26. 575. 13.

[226] Siqueira A C O, Webb J W, Bruton G D. Informal entrepreneurship and industry conditions [J]. Entrepreneurship theory and practice, 2016, 40 (1): 177 – 200.

[227] Smith J S, Karwan K R, Markland R E. An empirical examination of the structural dimensions of the service recovery system [J]. Decision sciences, 2009, 40 (1): 165 – 186.

[228] Staw B M. The escalation of commitment to a course of action [J]. Academy of management review, 1981, 6 (4): 577 – 587.

[229] Stenholm P. Innovative behavior as a moderator of growth intentions [J]. Journal of small business management, 2011, 49 (2): 233 – 251.

[230] Sutton S. Predicting and explaining intentions and behavior: how well are we doing? Journal of applied social psychology [J]. 1998, 28 (15): 1317 – 1338.

[231] Thaler R H. Misbehaving: them making of behavioral economics [M]. Beijing: China CITIC Press, 2016: 388.

[232] Thaler R. Toward a positive theory of consumer choice [J]. Journal of economic behavior & organization. 1980, 1 (1): 39 – 60.

[233] Thompson E R. Individual entrepreneurial intent: construct clarification and development of an internationally reliable metric [J]. Entrepreneurship theory and practice, 2009, 33 (3): 669 – 694.

[234] Thompson J D. Organizations in action [M]. New York: McGraw-Hill, 1967.

[235] Tom S M, Fox C R, Trepel C et al. The neural basis of loss aversion in decision-making under risk [J]. Science, 2007, 315 (5811): 515 – 518.

[236] Tosi H, Aldag R, Storey R G. On the measurement of the environment: an assessment of the Lawrenceand Lorsch environmental uncertainty subscale [J]. Administrative science quarterly, 1973, 18 (1): 27 – 36.

[237] Tversky, A., Kahneman, D. The framing of decisions and the psychology of choice [J]. Science, 1981, 211 (4481): 453 – 458.

[238] Van Gelderen M, Kautonen T, Fink M. From entrepreneurial intentions to actions: self-control and action-related doubt, fear, and aversion [J]. Journal of business venturing, 2015, 30 (5): 655 – 673.

[239] van Gelderen M, Kautonen T, Wincent J et al. Implementation intentions in the entrepreneurial process: concept, empirical findings, and research agenda [J]. Small business economics, 2018, 51 (4): 923 – 941.

[240] van Hooft E A, Born M P, Taris T W, van der Flier H, Blonk R W. Bridging the gap between intentions and behavior: implementation intentions, action control, and procrastination [J]. Journal of vocational behavior, 2005, 66 (2): 238 – 256.

[241] Virick M, Basu A, Rogers A. Antecedents of entrepreneurial intention among laid-off individuals: a cognitive appraisal approach [J]. Journal of small business management, 2015, 53 (2): 450 – 468.

[242] Weick K E. The social psychology of organizing, reading [M]. MA: Addison-Wesley, 1979.

[243] Westhead P, Ucbasaran D, Wright M. Decisions, actions, and performance: do novice, serial, and portfolio entrepreneurs differ? [J]. Journal of small business management, 2005, 43 (4): 393 – 417.

［244］ Whetten D A. An examination of the interface between context and theory applied to the study of Chinese organizations ［J］. Management and organization review，2009，5（1）：29 – 55.

［245］ Wieber F，Gollwitzer P M. Planning and the control of action—how spontaneous and strategic use of goal-related knowledge supports goal attainment ［M］//Meusburger P et al. Knowledge and space：Vol. 9. Knowledge and action. New York：Springer Science + Business Media，2017：169 – 183.

［246］ Zahra S A，Neubaum D O，El-Hagrassey G M. Competitive analysis and new venture performance：understanding the impact of strategic uncertainty and venture origin ［J］. Entrepreneurship theory and practice，2002，27（1）：1 – 28.

［247］ Zhao H，Seibert S E，Hills G E. The mediating role of self-efficacy in the development of entrepreneurial intentions ［J］. Journal of applied psychology，2005，90（6）：1265 – 1294.

［248］ Zhao X，Lynch J G，Chen Q. Reconsidering Baron and Kenny：myths and truths about mediation analysis ［J］. Journal of consumer research，2010，37（2）：197 – 206.

［249］ Zhu F，Hsu D K，Burmeister-Lamp K et al. An investigation of entrepreneurs' venture persistence decision：the contingency effect of psychological ownership and adversity ［J］. Applied psychology，2018，67（1）：136 – 170.

［250］ Zou B. Optimal investment in hedge funds under loss aversion ［J］. International journal of theoretical and applied finance，2017，20（3）：1 – 32.